sabor perfecto
sushi

Bath · New York · Singapore · Hong Kong · Cologne · Delhi · Melbourne

Las cucharadas indicadas en las medidas son rasas: las cucharaditas corresponden a
5 ml y las cucharadas a 15 ml. Si no se especifica otra cosa, la leche es siempre
entera; los huevos y las verduras y hortalizas que se indiquen en piezas, por ejemplo,
patatas, son medianos, y la pimienta, negra y recién molida.

Las recetas que llevan huevo crudo o poco hecho no están indicadas para niños,
ancianos, mujeres embarazadas ni personas convalecientes o enfermas. Se desa-
consejа el consumo de cacahuetes o productos derivados a mujeres embarazadas
o lactantes

sabor perfecto

sushi

introducción

El sushi es mucho más que pescado crudo con arroz. Aunque la palabra *sushi* significa simplemente «arroz avinagrado», esta elegante forma de cocina japonesa es inmensamente variada y versátil. Se puede preparar sushi con pescado cocido, carne, huevos, queso y todo tipo de verduras. Siempre y cuando los ingredientes combinen bien con el arroz, y es difícil que no sea así, podrá preparar un sushi delicioso.

Los maestros de sushi tienen un entrenamiento de años, pero no deje que eso le intimide. La preparación de un sushi sencillo es mucho más fácil de lo que parece. Algunas de las técnicas básicas

requieren un poco de práctica, pero pronto las dominará. No necesita utensilios especiales, pero merece la pena invertir en los más básicos: una prensa para sushi (oshi waku), una espátula para el arroz (shamoji) y un cuenco de bambú para mezclar el arroz. Lo que sí necesitará es una esterilla para enrollarlo (makisu).

A medida que aprenda a hacer sushi descubrirá nuevas formas de preparar y servir los alimentos. Es muy importante que todos los ingredientes sean muy frescos y que resulten estéticos en el plato; la comida japonesa intenta complacer tanto a la vista como al paladar. El sushi también es muy sano; lleva poca grasa y muchos nutrientes, las algas, por ejemplo, están repletas de vitaminas y minerales y el pescado azul es una buena fuente de ácidos grasos poliinsaturados. El wasabi (rábano picante japonés) y el vinagre de arroz facilitan la digestión.

El sushi se prepara tradicionalmente con pescado crudo, que debe ser absolutamente fresco. Cómprelo en una pescadería que venda «pescado para sushi», lo que significa que puede consumirse crudo. Llévelo a casa en una bolsa para congelados, refrigérelo enseguida y consúmalo el mismo día.

rollitos de
sushi

Los rollitos de sushi (maki zushi) tienen un aspecto impresionante pero son una de las formas más fáciles de preparar el sushi en casa. El único utensilio especial que necesita es una esterilla de bambú para enrollarlo, y podrá adquirirla en cualquier supermercado oriental.

Los rollitos de sushi están compuestos de láminas de alga nori sobre los cuales se extiende una capa de arroz avinagrado y sabrosos rellenos. Después se hace un rollo con la esterilla y se corta en rodajas. Se sirven con el lado cortado hacia arriba para poder ver el relleno y debería consumirlos al cabo de una o dos horas después de prepararlos.

Los rollitos de sushi pueden ser finos o gruesos; los primeros son más fáciles de preparar, así que es mejor que empiece con éstos. Lo más importante es extender el relleno uniformemente y no utilizar demasiado para que la envoltura no se rompa. No se preocupe si el relleno se sale por los lados cuando lo enrolla; podrá meterlo de nuevo o pulir los bordes antes de rebanar el rollo.

Utilice siempre un cuchillo bien afilado y humedecido y límpielo con un paño de cocina húmedo tras cada corte. Tenga a mano un bol con agua y un chorrito de vinagre de arroz para humedecerse las manos antes de manipular el arroz.

arroz para sushi

ingredientes

PARA 625 G

300 g de arroz para sushi

350 ml de agua

1 trozo de alga kombu
(opcional)

2 cucharadas de
condimento para sushi
(o 2 cucharadas de
vinagre de arroz
mezcladas con 1
cucharada de azúcar y
$1/4$ de cucharadita de sal)

preparación

1 Lave el arroz bajo el chorro de agua fría hasta que el agua salga completamente clara; escúrralo.

2 Póngalo en un cazo con el agua y el alga kombu, si la utiliza, tápelo y llévelo a ebullición. Retire el alga, baje la temperatura y déjelo a fuego lento 10 minutos. Apague el fuego y deje reposar el arroz unos 15 minutos. Una vez haya retirado el alga, es muy importante que no destape el cazo en ningún momento.

3 Ponga el arroz caliente en un cuenco y vierta el condimento especial para sushi sobre el arroz. Mézclelo bien con una espátula haciendo movimientos rápidos y abanicándolo con la mano para enfriarlo lo más rápido posible. Mezcle el condimento con cuidado para no romper los granos.

4 Este arroz debe tener un aspecto brillante y estar a temperatura ambiente cuando se vaya a utilizar.

rollitos de nori y atún tradicionales

ingredientes

PARA 24 UNIDADES

2 láminas de alga nori,
  tostadas

1/2 ración de arroz para
  sushi recién cocido
  (*véase* pág. 8)

pasta de wasabi

50 g de atún para sushi
  en tiras

salsa de soja japonesa
  y jengibre encurtido,
  para servir

preparación

1 Doble 1 lámina de nori por la mitad a lo largo, presione el borde y córtela en dos. Ponga un trozo con el lado brillante hacia abajo sobre una esterilla, en sentido horizontal.

2 Con las manos humedecidas extienda 1/4 del arroz sobre la lámina, dejando un reborde de 1 cm en el extremo más alejado a usted.

3 Extienda una fina hilera de pasta de wasabi sobre el arroz, por el extremo más cercano a usted. Cúbrala con 1/4 parte de las tiras de atún, formando una fila.

4 Para hacer el rollito, empiece a enrollarlo por el lado que contiene los ingredientes con la ayuda de la esterilla. Siga este proceso levantando la esterilla a medida que avanza y manteniendo una presión suave y uniforme hasta el final. Humedezca el extremo del nori para sellar el rollito.

5 Pase el rollo a una tabla de picar, con la juntura hacia abajo. Con un cuchillo afilado, córtelo por la mitad y después cada mitad en 3 trozos, humedeciendo el cuchillo entre corte y corte. Repita el proceso para hacer 3 rollitos más. Sírvalos con salsa de soja, jengibre encurtido y pasta de wasabi.

rollitos de salmón y ruqueta con pesto

ingredientes

PARA 24 UNIDADES

2 láminas de alga nori,
   tostadas

$1/2$ ración de arroz para
   sushi recién cocido
   (*véase* pág. 8)

pesto

50 g de filete de salmón
   para sushi, sin piel y
   en cuadraditos de 1 cm

40 g de ruqueta, sólo las
   hojas

salsa de soja japonesa,
   jengibre encurtido y pasta
   de wasabi, para servir

preparación

1 Doble 1 lámina de nori por la mitad a lo largo, presione el borde y córtela en dos. Ponga un trozo con el lado brillante hacia abajo sobre una esterilla, en sentido horizontal.

2 Con las manos humedecidas extienda $1/4$ del arroz sobre la lámina, dejando un reborde de 1 cm en el extremo más alejado a usted.

3 Extienda una fina hilera de pesto sobre el arroz, por el extremo más cercano a usted. Cúbrala con $1/4$ parte de las tiras de salmón, formando una fila, y remate con la ruqueta.

4 Para hacer el rollito, empiece a enrollarlo por el lado que contiene los ingredientes con la ayuda de la esterilla. Siga este proceso levantando la esterilla a medida que avanza y manteniendo una presión suave y uniforme hasta el final. Humedezca el extremo del nori para sellar el rollito.

5 Pase el rollo a una tabla de picar, con el lado de la juntura hacia abajo. Con un cuchillo afilado córtelo por la mitad y después cada mitad en 3 trozos, limpiando el cuchillo entre corte y corte. Repita el proceso para hacer 3 rollitos más. Sírvalos con salsa de soja, jengibre encurtido y pasta de wasabi.

tacos de atún y sésamo

ingredientes

PARA 12 UNIDADES

2 filetes de atún de unos
  2 cm de grosor
2 cucharaditas de aceite
  de sésamo
2 cucharadas de semillas
  de sésamo tostadas
3 láminas pequeñas de alga
  nori, tostadas y cortadas
  en 4 tiras
2 cucharadas de aceite

preparación

1 Corte el atún en 12 tacos y páselos por el aceite de sésamo y, después, por las semillas.

2 Enrolle cada taco en una tira de nori y recorte el sobrante para que el atún quede envuelto por una única capa de nori, que sólo se solape un poco en la juntura. Humedezca el borde con un poco de agua para pegarlo.

3 Caliente el aceite en una sartén y coloque los tacos de pie. Fríalos 2 minutos y deles la vuelta para freírlos por el otro lado. Las semillas de sésamo deberían quedar de un dorado oscuro pero no quemadas, y el atún debe estar prácticamente asado, con una parte más rosada en el centro. Si lo prefiere bien asado, déjelo unos minutos más en la sartén.

rollitos de puré de patatas, espinacas, salmón y wasabi

ingredientes

PARA 24 UNIDADES

2 patatas grandes peladas
    y en cuartos
1 cebolleta picada
pasta de wasabi
120 g de salmón para sushi
    muy fresco o filete
1 cucharada de aceite
sal
6 láminas pequeñas de alga
    nori, tostadas
1 puñado de hojas de
    espinacas, sin el tallo

preparación

1 Cueza las patatas en una cacerola con agua hirviendo con sal 20 o 30 minutos, o hasta que estén tiernas. Haga un puré y mézclelo con la cebolleta y wasabi. Sale al gusto. Déjelo unos 30 minutos en el frigorífico o hasta que esté bien consistente.

2 Si utiliza filete de salmón, quítele la piel y las espinas que pueda tener. Caliente el aceite en una sartén y fríalo a temperatura media, por ambos lados, unos 8 minutos o hasta que esté al punto. Déjelo enfriar. Corte el salmón para sushi o el asado en tiras.

3 Ponga 1 lámina de nori con el lado brillante hacia abajo sobre una esterilla para sushi, en sentido horizontal, y extienda $\frac{1}{6}$ parte del puré sobre el tercio inferior. Disponga $\frac{1}{6}$ parte de las espinacas por encima y después una capa de salmón.

4 Empiece a enrollarlo por el lado de los ingredientes con la ayuda de la esterilla. Siga este proceso levantando la esterilla a medida que avanza y manteniendo una presión suave y uniforme. Humedezca con un poquito de agua el extremo del nori para sellar el rollito.

5 Retire el rollito de la esterilla y córtelo en 4 trozos con un cuchillo afilado. Repita el proceso con el resto de los ingredientes.

rollitos de fideos soba

ingredientes

PARA 24 UNIDADES

120 g de atún para sushi
muy fresco o filete

1 cucharada de aceite

100 g de fideos soba
troceados

1 cebolleta, sólo la parte
verde, en rodajitas

1 cucharada de salsa
de soja clara

1/2 cucharada de vinagre
de vino de arroz

pasta de wasabi

1 cucharada de jengibre
encurtido picado

6 láminas pequeñas de alga
nori, tostadas

1/2 pepino pelado sin semillas
y en tiras finas

salsa de soja japonesa,
jengibre encurtido,
para servir

preparación

1 Si utiliza filete de atún, caliente el aceite en una sartén y fríalo 6 minutos por cada lado o hasta que esté casi asado. Corte el atún para sushi o el filete asado en tiras.

2 Cueza los fideos en un cazo con agua hirviendo, escúrralos y páselos bajo el chorro de agua fría. Escúrralos de nuevo. Mezcle los fideos con la cebolleta, la salsa de soja, el vinagre, wasabi y el jengibre encurtido.

3 Ponga 1 lámina de nori con el lado brillante hacia abajo sobre una esterilla para sushi, en sentido horizontal, y extienda 1/6 parte de la mezcla de fideos sobre el tercio inferior. Distribuya 1/6 parte de las tiras de pepino por encima y, después, una capa de tiras de atún.

4 Empiece a enrollarlo por el lado de los ingredientes con la ayuda de la esterilla. Siga este proceso levantando la esterilla a medida que avanza y manteniendo una presión suave y uniforme. Humedezca con agua el extremo de la lámina de nori para sellar el rollito.

5 Retire el rollito de la esterilla y córtelo en 4 trozos con un cuchillo afilado y humedecido tras cada corte. Repita la operación con el resto de los ingredientes. Sírvalo con salsa de soja y jengibre encurtido.

rollitos de salmón a las siete especias

ingredientes

PARA 24 UNIDADES

150 g de filete de salmón

sichimi togarashi (mezcla de
siete especias molidas)

copos de guindilla

1 cucharada de aceite

1 ración de arroz para
sushi recién cocido
(*véase* pág. 8)

6 láminas pequeñas de alga
nori, tostadas

2 cucharadas de mayonesa
japonesa

salsa de soja japonesa,
pasta de wasabi y jengibre
encurtido, para servir

preparación

1 Quítele al filete de salmón la piel y las espinas que pueda tener. Espolvoréelo bien con el sichimi togarashi y copos de guindilla. Caliente el aceite en una sartén y fría el salmón a fuego medio, por ambos lados, 8 minutos o hasta que esté bien asado. Déjelo enfriar y desmenúcelo en trozos grandes.

2 Ponga 1 lámina de nori con el lado brillante hacia abajo sobre una esterilla para sushi, en sentido horizontal, y, con las manos humedecidas, extienda $1/6$ parte del arroz en una capa uniforme, dejando un reborde de 2 cm en el extremo más alejado a usted.

3 Extienda un poco de la mayonesa sobre el arroz del extremo más cercano y disponga $1/6$ parte del salmón.

4 Empiece a enrollarlo por el lado de los ingredientes con la ayuda de la esterilla. Siga este proceso levantando la esterilla a medida que avanza y manteniendo una presión suave y uniforme. Humedezca con agua el extremo del nori para sellar el rollito.

5 Retire el rollito de la esterilla y córtelo en 4 trozos con un cuchillo afilado y humedecido. Repita la operación con el resto de los ingredientes. Sírvalo con salsa de soja, wasabi y jengibre encurtido.

rollitos de salmón, espárragos y mayonesa

ingredientes

PARA 24 UNIDADES

6 espárragos

150 g de filete de salmón en tiras

1 cucharada de aceite

6 láminas pequeñas de alga nori, tostadas

1 ración de arroz para sushi recién cocido (*véase* pág. 8)

pasta de wasabi

1 cucharada de mayonesa japonesa

1 cucharadita de semillas de sésamo tostadas

salsa de soja japonesa y jengibre encurtido, para servir

preparación

1 Ponga los espárragos en una sartén con agua hirviendo y cuézalos hasta que estén tiernos. Córtelos en trozos de 9 cm y déjelos enfriar.

2 Si utiliza filete de salmón, quítele la piel y las espinas. Caliente el aceite en una sartén y fría el salmón a fuego medio por ambos lados, 8 minutos o hasta que esté bien asado. Déjelo enfriar y desmenúcelo en trozos grandes.

3 Ponga 1 lámina de nori con el lado brillante hacia abajo sobre una esterilla para sushi, en sentido horizontal, y, con las manos humedecidas, extienda $\frac{1}{6}$ parte del arroz en una capa uniforme, dejando un reborde de 2 cm en el extremo más alejado a usted.

4 Extienda un poquito de wasabi sobre el arroz en el extremo más cercano y después la mayonesa. Coloque 1 espárrago, un poco de salmón y unas cuantas semillas de sésamo.

5 Empiece a enrollarlo por el lado de los ingredientes con la esterilla. Siga este proceso levantando la esterilla a medida que avanza y manteniendo una presión suave y uniforme. Humedezca el extremo para sellar el rollito. Retírelo de la esterilla y córtelo en 4 trozos con un cuchillo afilado y humedecido. Repita la operación con el resto de los ingredientes. Sírvalo con salsa de soja, jengibre y wasabi.

rollitos de gambas al vapor con salsa de lima

ingredientes

PARA 24 UNIDADES

400 g de gambas peladas
    y sin el hilo intestinal
2 cucharadas de cilantro
    fresco picado
1 hoja grande de lima kafir,
    en tiras finas
1 cucharada de zumo de lima
    recién exprimido
2 cucharaditas de salsa
    de guindilla dulce
1½ cucharadas de salsa
    de pescado
2 cucharaditas de mirin
1 clara de huevo
4 láminas de alga nori,
    tostadas
rodajas de lima, para decorar

para la salsa de lima

4 cucharadas de sake
4 cucharadas de salsa
    japonesa de soja
2 cucharaditas de mirin
1 cucharada de zumo de lima
    recién exprimido

preparación

1 Eche los ingredientes de la salsa en un bol y remueva para mezclarlos.

2 Ponga las gambas en una batidora o robot de cocina con el cilantro, la lima, el zumo de lima, la salsa de guindilla y la de pescado y el mirin. Tritúrelo y añádale la clara de huevo.

3 Coloque 1 lámina de nori sobre una esterilla para sushi, con el lado brillante hacia abajo, en sentido horizontal. Extienda ¼ parte de la mezcla de gambas sobre el nori, dejando un reborde de 1 cm en el extremo más alejado a usted.

4 Empiece a enrollarlo por el lado de los ingredientes con la ayuda de la esterilla. Siga este proceso levantando la esterilla a medida que avanza y manteniendo una presión suave y uniforme hasta el final. Humedezca el extremo del nori para sellar el rollito. Repita el proceso para hacer 3 rollitos más. Déjelos en el frigorífico 1 hora.

5 Pase los rollitos a una tabla de picar, con la juntura hacia abajo. Con un cuchillo afilado, córtelo por la mitad y después cada mitad en 3 trozos. Cuézalos en una vaporera 5 minutos o hasta que la mezcla de gambas esté cocida. Sírvalo en platos con la salsa de lima y decorado con rodajas de lima.

rollitos californianos

ingredientes

PARA 24 UNIDADES

1 ración de arroz para
    sushi recién cocido
    (*véase* pág. 8)
6 láminas pequeñas de alga
    nori, tostadas
pasta de wasabi
$1/2$ aguacate maduro en tiras
6 palitos de cangrejo partidos
    por la mitad a lo largo
1 trozo de pepino de 5 cm,
    pelado, sin semillas
    y en tiras finas
salsa de soja japonesa
    y jengibre encurtido,
    para servir

preparación

1 Con las manos humedecidas, coloque 1 lámina de nori con el lado brillante hacia abajo sobre una esterilla para sushi, en sentido horizontal. Extienda $1/6$ parte del arroz en una capa uniforme, dejando un reborde de 2 cm en el extremo más alejado a usted.

2 Extienda un poquito de wasabi sobre el arroz en el extremo más cercano. Coloque 2 tiras de aguacate sobre el wasabi, en sentido horizontal, y después 2 palitos de cangrejo. Añada una fila de tiras de pepino.

3 Para hacer el rollito, empiece a enrollarlo por el lado de los ingredientes con la ayuda de la esterilla. Siga este proceso levantando la esterilla a medida que avanza y manteniendo una presión suave y uniforme hasta el final. Humedezca con agua el extremo del nori para sellar el rollito.

4 Retire el rollito de la esterilla y córtelo en 4 trozos con un cuchillo afilado y humedecido. Repita la operación con el resto de los ingredientes. Sírvalo con salsa de soja, jengibre encurtido y un poco de pasta de wasabi.

rollitos de gambas

ingredientes

PARA 12 UNIDADES

2 pimientos rojos

1 aguacate pequeño y
   maduro, en láminas

8 gambas grandes, cocidas
   y peladas

sal y pimienta

preparación

1 Precaliente el horno a 200 °C. Ponga los pimientos en una bandeja para el horno y áselos unos 30 minutos o hasta que la piel se haya dorado y empiece a desprenderse. Déjelos enfriar y quíteles la piel. Pártalos por la mitad, deseche el tallo, las semillas y la membrana.

2 Coloque cada mitad de pimiento sobre una tabla de picar y apile un montoncito de láminas de aguacate en un extremo. Añada 2 gambas y salpimiente generosamente. Enrolle cada mitad de pimiento bien apretada, envuélvalas en film transparente y déjelas enfriar en el frigorífico, así preparadas, durante 30 minutos.

3 Retire el film transparente de los pimientos y recórteles las puntas hasta que queden bien rectos. Corte cada mitad en 3 trozos con un cuchillo afilado y humedecido. Sirva los rollitos de pie en una fuente.

rollitos de California invertidos

ingredientes

PARA 24 UNIDADES

1 ración de arroz para
   sushi recién cocido
   (*véase* pág. 8)

6 láminas pequeñas de alga
   nori, tostadas

$1/4$ de aguacate maduro
   en tiras

6 palitos de cangrejo partidos
   por la mitad a lo largo

1 trozo de pepino de 5 cm,
   pelado, sin semillas
   y en tiras finas

3 cucharadas de semillas
   de sésamo tostadas

salsa de soja japonesa,
   jengibre encurtido y pasta
   de wasabi, para servir

preparación

1 Disponga 1 lámina de nori con el lado brillante hacia abajo sobre la esterilla en sentido horizontal y, con las manos humedecidas, extienda $1/6$ parte del arroz en una capa uniforme sobre el nori, sin dejar huecos. Coloque un lámina de film transparente sobre el arroz para evitar que se pegue y, después, dele la vuelta para que el arroz quede contra la esterilla.

2 Ponga un poco de aguacate en una fila horizontal en el extremo del rollito más cercano a usted, y coloque 2 trozos de cangrejo al lado y una hilera de pepino.

3 Para hacer el rollito, empiece a enrollarlo por el lado de los ingredientes con la ayuda de la esterilla. Siga este proceso levantando la esterilla a medida que avanza y manteniendo una presión suave y uniforme hasta el final.

4 Ponga las semillas de sésamo en un plato y pase el sushi por ellas para que el arroz quede rebozado.

5 Retire el rollito de la esterilla y córtelo en 4 trozos con un cuchillo afilado y humedecido. Repita la operación con el resto de los ingredientes. Sírvalo con salsa de soja, jengibre encurtido y un poco de pasta de wasabi.

rollitos de patata, vieira y sésamo

ingredientes

PARA 24 UNIDADES

2 patatas grandes peladas
   y en cuartos

2 cucharadas de mantequilla

sal y pimienta

1 cucharada de aceite
   de oliva

8 vieiras grandes limpias

6 láminas pequeñas de alga
   nori, tostadas

2 cucharadas de mayonesa
   japonesa

2 cucharadas de semillas
   de sésamo tostadas

preparación

1 Cueza las patatas en una cacerola con agua hirviendo con sal de 20 a 30 minutos, o hasta que estén cocidas. Haga un puré con las patatas y la mantequilla y salpimiente. Déjelo unos 30 minutos en el frigorífico o hasta que adquiera una consistencia bien firme.

2 Caliente el aceite en una sartén y saltee las vieiras por ambos lados unos 2 o 3 minutos. Córtelas en rodajas finas y sálelas al gusto.

3 Ponga 1 lámina de nori con el lado brillante hacia abajo sobre una esterilla para sushi, en sentido horizontal, y extienda $1/6$ parte del puré sobre el tercio inferior. Extienda un poco de mayonesa por encima y unas semillas de sésamo. Añada $1/6$ parte de las rodajitas de las vieiras.

4 Para hacer el rollito, empiece a enrollarlo por el lado de los ingredientes con la ayuda de la esterilla. Siga este proceso levantando la esterilla a medida que avanza y manteniendo una presión suave y uniforme hasta el final. Humedezca con agua el extremo del nori para sellar el rollito.

5 Retire el rollito de la esterilla y córtelo en 4 trozos con un cuchillo afilado y humedecido. Repita la operación con el resto de los ingredientes.

rollitos de cangrejo, espárragos y setas shiitake

ingredientes

PARA 24 UNIDADES

6 espárragos

1 cucharada de aceite

6 setas shiitake en láminas

6 láminas pequeñas de alga
  nori, tostadas

1 ración de arroz para
  sushi recién cocido
  (*véase* pág. 8)

pasta de wasabi

6 palitos de cangrejo partidos
  por la mitad a lo largo

salsa ponzu (*véase* pág. 228),
  para servir

preparación

1 Ponga los espárragos en una sartén con agua hirviendo a fuego lento y cuézalos hasta que estén tiernos. Córtelos en trozos de 9 cm y déjelos enfriar.

2 Caliente el aceite en una sartén y fría las setas a temperatura media 5 minutos o hasta que se hayan ablandado.

3 Ponga 1 lámina de nori con el lado brillante hacia abajo sobre una esterilla para sushi, en sentido horizontal, y, con las manos humedecidas, extienda $\frac{1}{6}$ parte del arroz en una capa uniforme, dejando un reborde de 2 cm en el extremo más alejado a usted.

4 Extienda un poco de wasabi sobre el arroz en el extremo más cercano. Coloque un espárrago y, después, 2 trozos de cangrejo. Añada una fila de láminas de setas.

5 Para hacer el rollito, empiece a enrollarlo por el lado de los ingredientes con la ayuda de la esterilla. Siga este proceso levantando la esterilla a medida que avanza y manteniendo una presión suave y uniforme. Humedezca con agua el extremo del nori para sellarlo. Retírelo de la esterilla y córtelo en 4 trozos con un cuchillo afilado y humedecido. Repita la operación con el resto de los ingredientes. Sírvalo con salsa ponzu.

brochetas de langostinos y aguacate

ingredientes

PARA 6 UNIDADES

1 porción de arroz para
   sushi recién cocido
   (*véase* pág. 8)
6 láminas pequeñas de alga
   nori, tostadas
1 cucharada de mayonesa
   japonesa
1 cucharadita de ralladura
   de limón
12 langostinos cocidos,
   pelados y sin hilo intestinal
2 aguacates maduros en tiras
1 trozo de pepino de 5 cm,
   pelado, sin semillas
   y en tiras finas
jengibre encurtido y pasta
   de wasabi, para servir

preparación

1 Ponga 1 lámina de nori con el lado brillante hacia abajo sobre una esterilla para sushi, en sentido horizontal, y, con las manos humedecidas, extienda $\frac{1}{6}$ parte del arroz en una capa uniforme, dejando un reborde de 2 cm en el extremo más alejado a usted.

2 Mezcle la mayonesa con la ralladura de limón y extienda un poco sobre el arroz, en el extremo más cercano. Ponga 2 langostinos uno al lado del otro sobre la mayonesa y una fila de tiras de aguacate al lado. Termine con una hilera de tiras de pepino al lado del aguacate.

3 Para hacer el rollito, empiece a enrollarlo por el lado de los ingredientes con la ayuda de la esterilla. Siga este proceso levantando la esterilla a medida que avanza y manteniendo una presión suave y uniforme. Humedezca con agua el extremo del nori para sellar el rollito.

4 Retire el rollito de la esterilla y córtelo en 4 trozos con un cuchillo afilado y humedecido. Ponga los trozos de pie y ensártelos en una broqueta de bambú. Repita la operación con el resto de los ingredientes hasta preparar 6 brochetas. Sírvalo con jengibre encurtido y pasta de wasabi.

rollitos de pollo a la salsa teriyaki

ingredientes

PARA 24 UNIDADES

1 pechuga de pollo en tiras

2 cucharadas de salsa
    teriyaki

1 cucharada de aceite

1 ración de arroz para
    sushi recién cocido
    (*véase* pág. 8)

6 láminas pequeñas de alga
    nori, tostadas

1 trozo de pepino de 5 cm,
    pelado, sin semillas
    y en tiras finas

salsa de soja japonesa,
    pasta de wasabi y jengibre
    encurtido, para servir

preparación

1 Precaliente el grill a la temperatura más alta. Pase las tiras de pollo por la salsa teriyaki y después por aceite y colóquelas sobre una parrilla forrada con papel de aluminio. Áselas 4 minutos por cada lado, páselas a un cuenco con el jugo de la cocción y déjelas enfriar.

2 Ponga 1 lámina de nori con el lado brillante hacia abajo sobre una esterilla para sushi, en sentido horizontal, y, con las manos humedecidas, extienda $1/6$ parte del arroz en una capa uniforme, dejando un reborde de 2 cm en el extremo más alejado a usted.

3 Coloque las tiras de pollo en línea recta sobre el arroz, por el extremo más cercano a usted. Añada una fila de pepino.

4 Para hacer el rollito, empiece a enrollarlo por el lado de los ingredientes con la ayuda de la esterilla. Siga este proceso levantando la esterilla a medida que avanza y manteniendo una presión suave y uniforme. Humedezca con agua el extremo del nori para sellar el rollito.

5 Retire el rollito de la esterilla y córtelo en 4 trozos con un cuchillo afilado y humedecido. Repita la operación con el resto de los ingredientes y sírvalos con salsa de soja, wasabi y jengibre encurtido.

rollitos de cerdo con tonkatsu

ingredientes

PARA 24 UNIDADES

2 cucharadas de harina

1 huevo ligeramente batido

4 cucharadas de tonkatsu
o pan rallado

200 g de solomillo de cerdo
en lonchas finas

4 cucharadas de aceite

1 ración de arroz para
sushi recién cocido
(*véase* pág. 8)

6 láminas pequeñas de alga
nori, tostadas

2 cucharadas de mayonesa
japonesa

salsa de soja japonesa,
pasta de wasabi y jengibre
encurtido, para servir

preparación

1 Ponga la harina, el huevo y el pan rallado en platitos. Reboce las lonchas de carne una a una con la harina, páselas por el huevo y después por el pan rallado. Colóquelas en una fuente y refrigérelas 20 minutos.

2 Caliente el aceite en una sartén y fría la carne 3 minutos por cada lado hasta que el rebozado esté dorado. Córtela en tiras.

3 Ponga 1 lámina de nori con el lado brillante hacia abajo sobre una esterilla para sushi, en sentido horizontal, y, con las manos humedecidas, extienda $\frac{1}{6}$ parte del arroz en una capa uniforme, dejando un reborde de 2 cm en el extremo más alejado a usted.

4 Extienda un poco de mayonesa sobre el arroz del extremo más cercano y disponga $\frac{1}{6}$ parte de las tiras de carne en una fila.

5 Para hacer el rollito, empiece a enrollarlo por el lado de los ingredientes con la esterilla. Siga este proceso levantando la esterilla a medida que avanza y manteniendo una presión suave y uniforme. Humedezca el extremo del nori para sellarlo.

6 Corte el rollito en 4 trozos con un cuchillo afilado y humedecido. Repita la operación con el resto de los ingredientes. Sírvalo con salsa de soja, wasabi y jengibre encurtido.

rollitos invertidos con buey a la salsa teriyaki

ingredientes

PARA 24 UNIDADES

150 g de filete magro de buey

2 cucharadas de salsa
　teriyaki

1 cucharada de aceite

6 láminas pequeñas de
　alga nori, tostadas

1 ración de arroz para
　sushi recién cocido
　(*véase* pág. 8)

2 cebolletas en tiras finas

3 cucharadas de semillas
　de sésamo tostadas

salsa de soja japonesa,
　pasta de wasabi y jengibre
　encurtido, para servir

preparación

1 Aplane la carne con un mazo o un rodillo de cocina, para que quede más fina y tierna. Pásela por la salsa teriyaki y déjela macerar 1 hora. Caliente el aceite en una sartén y fría el filete 3 minutos por cada lado. Córtelo en tiras.

2 Extienda 1 lámina de nori con el lado brillante hacia abajo sobre la esterilla en sentido horizontal y, con las manos humedecidas, extienda $\frac{1}{6}$ parte del arroz. Coloque un lámina de film transparente sobre el arroz para evitar que se pegue y, después, dele la vuelta para que el arroz quede contra la esterilla.

3 Disponga $\frac{1}{6}$ parte de la carne en una sola capa en sentido horizontal, en el extremo del rollito más cercano a usted. Extienda una capa de cebolleta y unas semillas de sésamo.

4 Empiece a enrollarlo por el lado de los ingredientes con la ayuda de la esterilla. Siga este proceso levantando la esterilla a medida que avanza y manteniendo una presión suave y uniforme. Ponga el resto de las semillas de sésamo en un plato y reboce el sushi con ellas.

5 Corte el rollito en 4 trozos con un cuchillo afilado y humedecido. Repita la operación con el resto de los ingredientes. Sírvalo con salsa de soja, wasabi y jengibre encurtido.

rollitos de pepino con sésamo

ingredientes

PARA 24 UNIDADES

2 láminas de alga nori, tostadas

$1/2$ ración de arroz para sushi recién cocido (*véase* pág. 8)

pasta de wasabi

4 cucharaditas de semillas de sésamo blanco, tostadas

$1/3$ de pepino pelado, sin semillas y en tiras

salsa de soja japonesa y jengibre encurtido, para servir

preparación

1 Doble 1 lámina de nori por la mitad a lo largo, presione el borde y córtela en dos. Ponga un trozo con el lado brillante hacia abajo sobre una esterilla, en sentido horizontal.

2 Con las manos humedecidas extienda $1/4$ del arroz en una capa uniforme sobre el nori, dejando un reborde de 1 cm en el extremo más alejado a usted.

3 Disponga una fina hilera de wasabi sobre el arroz, por el extremo más cercano a usted. Espolvoree unas semillas de sésamo y remate con una fila de tiras de pepino.

4 Para hacer el rollito, empiece a enrollarlo por el lado de los ingredientes con la ayuda de la esterilla. Siga este proceso levantando la esterilla a medida que avanza y manteniendo una presión suave y uniforme. Humedezca el extremo del nori para sellar el rollito.

5 Pase el rollito a una tabla de picar, con el lado de la juntura hacia abajo. Con un cuchillo afilado, córtelo por la mitad y después cada mitad en 3 trozos. Haga 3 rollitos más con el resto de los ingredientes. Sírvalos con salsa de soja, jengibre encurtido y pasta de wasabi.

rollitos de rábano encurtido con kampyo

ingredientes

PARA 24 UNIDADES

2 láminas de alga nori, tostadas

1/2 ración de arroz para sushi recién cocido (*véase* pág. 8)

4 tiras de takuan (rábano encurtido) de 20 cm

salsa de soja japonesa, jengibre encurtido y pasta de wasabi, para servir

para el kampyo especiado

15 g de kampyo (calabaza seca)

175 ml de caldo dashi (*véase* pág. 194, o utilice caldo instantáneo)

1 cucharada de azúcar fino

1 cucharada de salsa de soja japonesa

preparación

1 Frote el kampyo con sal bajo el chorro de agua fría, para ablandarlo. Enjuáguelo y déjelo 2 horas en remojo en agua. Póngalo en un cazo, cúbralo con agua y cuézalo a fuego suave 10 minutos. Escúrralo y vuelva a ponerlo en el cazo con el resto de los ingredientes. Llévelo a ebullición y déjelo a fuego lento 15 minutos o hasta que esté tierno. Déjelo enfriar y córtelo en tiras de 20 cm.

2 Doble 1 lámina de nori por la mitad a lo largo, presione el borde y córtela en dos. Coloque un trozo con el lado brillante hacia abajo sobre una esterilla, en sentido horizontal.

3 Con las manos humedecidas extienda 1/4 del arroz sobre el nori, dejando un reborde de 1 cm en el extremo más alejado a usted. Coloque una tira de takuan sobre el arroz a lo largo del extremo más cercano a usted. Remate con una hilera de kampyo.

4 Empiece a enrollarlo por el lado de los ingredientes con la ayuda de la esterilla. Humedezca el extremo del nori para sellar el rollito. Con un cuchillo afilado y humedecido, córtelo por la mitad y después cada mitad en 3 trozos iguales. Repita la operación con el resto de los ingredientes. Sirva los rollitos con salsa de soja, jengibre encurtido y wasabi.

rollitos de espárragos y pimiento con salsa tahín

ingredientes

PARA 24 UNIDADES

1/2 pimiento rojo

4 espárragos muy finos

2 láminas de alga nori,
tostadas

1/2 ración de arroz para
sushi recién cocido
(*véase* pág. 8)

para la salsa tahín

4 cucharaditas de tahín

1 cucharadita de azúcar

1 cucharadita de salsa
de soja japonesa

1 cucharadita de sake

preparación

1 Ponga los ingredientes para la salsa tahín en un bol y mézclelos bien.

2 Ase el pimiento bajo el grill caliente hasta que la piel esté chamuscada. Déjelo enfriar en una bolsa de plástico y, a continuación, retire la piel y córtelo en tiras finas. Escalde los espárragos en agua hirviendo 1 o 2 minutos y después sumérjalos en agua helada para detener la cocción. Escúrralos.

3 Doble 1 lámina de nori por la mitad a lo largo, presione el borde y córtela en dos. Coloque un trozo con el lado brillante hacia abajo sobre una esterilla, horizontalmente. Con las manos humedecidas extienda 1/4 del arroz sobre el nori, dejando un reborde de 1 cm en el extremo más alejado a usted.

4 Extienda una hilera de salsa tahín sobre el arroz a lo largo del extremo más cercano a usted. Ponga encima 1/6 parte del pimiento y 1 espárrago.

5 Empiece a enrollarlo por el lado de los ingredientes con la ayuda de la esterilla. Humedezca el extremo del nori para sellar el rollito. Córtelo con un cuchillo afilado y humedecido en 6 trozos. Repita la operación con el resto de los ingredientes. Sirva los rollitos con la salsa tahín.

rollitos de setas y espinacas

ingredientes

PARA 24 UNIDADES

200 g de hojas de espinacas
    sin los tallos

$1/2$ cucharadita de aceite
    de sésamo

4 láminas de alga nori,
    tostadas

1 ración de arroz para
    sushi recién cocido
    (*véase* pág. 8)

pasta de wasabi

4 cucharaditas de piñones
    tostados

salsa de soja japonesa,
    jengibre encurtido y pasta
    de wasabi, para servir

para las setas

25 g de setas shiitake
    deshidratadas, dejadas en
    remojo en agua caliente
    30 minutos y después
    picadas sin los tallos

175 ml de caldo dashi (*véase*
    pág. 194, o utilice caldo
    instantáneo)

1 cucharada de mirin

preparación

1 Para preparar las setas, cuézalas en un cazo con el caldo dashi, a fuego lento 15 minutos. Agregue el mirin y déjelas enfriar en el cazo. Escúrralas bien.

2 Lave las espinacas y póngalas en una cacerola con sólo el agua que retengan tras lavarlas. Cuézalas 2 minutos a fuego medio, para que se ablanden. Presiónelas contra un escurridor para retirar el agua, píquelas y mézclelas con el aceite de sésamo.

3 Coloque 1 lámina de nori sobre una esterilla para sushi, con el lado brillante hacia abajo, en sentido horizontal. Extienda $1/4$ del arroz sobre el nori, dejando un reborde de 1 cm en el extremo más alejado a usted.

4 Extienda una hilera de pasta de wasabi sobre el arroz a lo largo del extremo más cercano a usted. Ponga encima $1/4$ de las setas especiadas y un poco de espinacas al lado. Esparza 1 cucharadita de piñones.

5 Empiece a enrollarlo por el lado de los ingredientes con la ayuda de la esterilla. Humedezca el extremo del nori para sellar el rollito. Con un cuchillo afilado y humedecido córtelo en 6 trozos. Repita la operación con el resto de los ingredientes. Sírvalo con salsa de soja, jengibre y wasabi.

rollitos de ciruela umeboshi

ingredientes

PARA 24 UNIDADES

2 láminas de alga nori,
    tostadas
$1/2$ ración de arroz para
    sushi recién cocido
    (*véase* pág. 8)
20 ciruelas umeboshi
    deshuesadas y picadas
5 hojas de shiso picadas
salsa de soja japonesa,
    jengibre encurtido y pasta
    de wasabi, para servir

preparación

1 Doble 1 lámina de nori por la mitad a lo largo, presione el borde y corte la lámina en dos. Coloque un trozo con el lado brillante hacia abajo sobre una esterilla, en sentido horizontal.

2 Con las manos humedecidas extienda $1/4$ del arroz en una capa uniforme sobre el nori, dejando un reborde de 1 cm en el extremo más alejado a usted.

3 Extienda una fina hilera de ciruela picada sobre el arroz, por el extremo más cercano a usted. Cúbrala con $1/6$ de las hojas de shiso.

4 Para hacer el rollito, empiece a enrollarlo por el lado de los ingredientes con la ayuda de la esterilla. Siga este proceso levantando la esterilla a medida que avanza y manteniendo una presión suave y uniforme. Humedezca el extremo del nori para sellar el rollito.

5 Pase el rollo a una tabla de picar, con el lado de la juntura hacia abajo. Con un cuchillo muy afilado córtelo por la mitad y después cada mitad en 3 trozos iguales. Repita la operación para hacer 3 rollitos más. Sírvalos con salsa de soja, jengibre encurtido y pasta de wasabi.

rollitos de fideos de arroz con brotes de tirabeques

ingredientes

PARA 24 UNIDADES

120 g de fideos de arroz

1/2 pimiento rojo

2 cucharaditas de vinagre
de arroz

1 cucharadita de azúcar

1 pizca de sal

2 cebolletas, sólo la parte
verde, picadas (deseche
la parte blanca)

4 láminas de alga nori,
tostadas

pasta de wasabi

1/2 pepino pelado sin semillas
y en tiras finas

1/2 zanahoria grande
en juliana fina

30 g de tirabeques o brotes
de soja

salsa de jengibre y sésamo
(*véase* pág. 226),
para servir

preparación

1 Cueza los fideos según las instrucciones del envase. Enjuáguelos, escúrralos y séquelos con papel absorbente. Ase el pimiento bajo el grill caliente hasta que la piel se chamusque. Déjelo enfriar dentro de una bolsa de plástico cerrada y, después, pélelo y córtelo en tiras.

2 Ponga en un cuenco el vinagre de arroz, el azúcar y la sal, y remueva hasta que el azúcar se haya disuelto. Incorpore los fideos cocidos y la cebolleta picada y remueva para que queden bien recubiertos.

3 Coloque 1 lámina de nori sobre una esterilla para sushi, en sentido horizontal. Extienda 1/4 de los fideos sobre el tercio inferior.

4 Extienda una hilera de pasta de wasabi sobre los fideos, ponga encima 1/4 parte de las tiras de pimiento y añada una hilera de pepino y otra de zanahoria. Reparta 1/4 parte de los brotes de soja sobre el relleno.

5 Vaya enrollando la esterilla para que el nori envuelva el relleno. Humedezca el extremo del nori para sellar el rollito. Páselo a una tabla de picar, con la juntura hacia abajo y córtelo en 3 trozos con un cuchillo afilado y humedecido. Repita la operación con el resto de los ingredientes. Sírvalo con la salsa de jengibre y sésamo.

rollitos invertidos con aguacate y shibazuke

ingredientes

PARA 24 UNIDADES

4 láminas de alga nori, tostadas

1 ración de arroz para sushi recién cocido (*véase* pág. 8)

$1/2$ pepino pelado sin semillas y en juliana fina

1 aguacate maduro de piel verde, pelado, deshuesado y en tiras

120 g de shibazuke (berenjena encurtida) o algún otro encurtido japonés

20 tallos de cebollino despuntados

2 cucharadas de semillas de sésamo negras, tostadas

2 cucharadas de semillas de sésamo blancas, tostadas

salsa de soja japonesa, jengibre encurtido y pasta de wasabi, para servir

preparación

1 Coloque 1 lámina de nori sobre una esterilla para sushi, en sentido horizontal. Con las manos humedecidas extienda $1/4$ del arroz sobre el nori.

2 Ponga una lámina de film transparente sobre el arroz y dele la vuelta para que el plástico quede bajo el arroz y el lado del nori hacia arriba.

3 Disponga una hilera de tiras de pepino sobre el extremo del nori más cercano a usted. Coloque una fila de tiras de aguacate al lado del pepino y otra de shibazuke. Añada 5 tallos de cebollino.

4 Para hacer el rollito, empiece a enrollarlo por el lado de los ingredientes con la ayuda de la esterilla. Siga este proceso levantando la esterilla a medida que avanza y manteniendo una presión suave y uniforme. Ponga ambos tipos de semillas de sésamo en una fuente llana y reboce el rollo de sushi.

5 Pase el rollo a una tabla de picar, con el lado de la juntura hacia abajo. Con un cuchillo afilado y humedecido córtelo por la mitad y después cada mitad en 3 trozos. Repita la operación con el resto de los ingredientes. Sirva los rollitos con salsa de soja, jengibre encurtido y pasta de wasabi.

rollitos de tortilla y espárragos

ingredientes

PARA 6-8 UNIDADES

8 espárragos finos

4 huevos

1 cucharada de agua

1 cucharada de mirin

1 cucharadita de salsa
   de soja

½ cucharada de aceite

salsa ponzu (*véase* pág. 228),
   para servir

preparación

1 Disponga los espárragos en una sartén con agua hirviendo a fuego lento y cuézalos hasta que al pincharlos con la punta de un cuchillo note que están tiernos. Déjelos enfriar.

2 Bata los huevos con el agua, el mirin y la salsa de soja. Caliente el aceite en una sartén antiadherente y vierta la mezcla de huevo. Cuando haya cuajado por un lado, coloque los espárragos en fila en un extremo de la tortilla.

3 Agite la sartén para que se desprenda la tortilla. Vaya enrollándola, empezando por el lado de los espárragos, inclinando la sartén para que la tortilla se deslice por ella. Con dos palillos chinos, doble la tortilla y siga enrollándola como si fuera un rollito.

4 Extienda una lámina de film transparente sobre una esterilla para sushi. Ponga la tortilla encima y enróllela empujando la esterilla para que conserve la forma. Déjela enfriar.

5 Retire el rollito de la esterilla y del film y córtelo en trozos de unos 2 cm con un cuchillo afilado y humedecido. Disponga los trozos de pie en una fuente y sírvalos con salsa ponzu.

rollitos de tortilla con queso cremoso y pimiento

ingredientes

PARA 24 UNIDADES

1 ración de arroz para sushi recién cocido (*véase* pág. 8)

4 láminas de alga nori, tostadas

pasta de wasabi

2 pimientos rojos, cuarteados y despepitados, asados hasta que la piel esté chamuscada y cortados en rodajitas

85 g de queso cremoso

20 tallos de cebollino despuntados

para la tortilla

6 huevos

1 cucharadita de azúcar fino

2 cucharaditas de mirin

1 cucharadita de salsa de soja japonesa

$1/4$ de cucharadita de sal

4 cucharaditas de aceite vegetal

preparación

1 Primero haga la tortilla. Bata los huevos con el azúcar, el mirin, la salsa de soja y la sal, procurando que no queden demasiado esponjosos. Cuélelos sobre una salsera.

2 Caliente 1 cucharadita de aceite en una sartén. Vierta $1/4$ parte de la mezcla de huevo, inclinando la sartén para repartirla bien. Déjelo a fuego medio-bajo hasta que el huevo casi esté cuajado y, después, dele la vuelta. Pase la tortilla a un plato forrado con papel absorbente y déjela enfriar. Recorte la tortilla para que tenga forma cuadrada.

3 Coloque una lámina de film transparente sobre una esterilla para sushi y ponga la tortilla encima. Con las manos humedecidas extienda $1/4$ del arroz y después ponga el nori, recortando los bordes para encajarlo.

4 Extienda una hilera de pasta de wasabi sobre el arroz, por el lado más cercano a usted. Añada una fila de queso y remate con rodajitas de pimiento asado y 5 tallos de cebollino. Con ayuda de la esterilla vaya formando el rollo, para que la tortilla envuelva el relleno presionando con suavidad.

5 Corte el rollo con un cuchillo afilado y humedecido en 6 trozos. Repita la operación con el resto de los ingredientes.

sushi
envuelto

Los rollitos o envolturas de sushi hechos a mano (temaki zushi) son conos de alga nori tostada con arroz avinagrado con un relleno. Son rápidos de preparar y se comen con las manos, así que son estupendos como tentempiés o para un bufet libre.

El sushi envuelto hay que consumirlo de inmediato, porque el nori pierde su toque crujiente enseguida. Por eso sería buena idea animar a sus invitados para que se preparen sus propios rollitos, sobre todo si tiene que servir a más de cuatro personas a la vez. Simplemente prepare todos los ingredientes de antemano, dele a cada comensal unas láminas de alga nori y enséñele a prepararlos. Es aconsejable tener aguamaniles individuales y toallitas húmedas para que sus invitados puedan lavarse.

El sushi ovalado (gunkan maki) es estupendo para aportar variedad a su festín japonés. Hay que moldear el arroz de forma ovalada, envolverlo en alga nori y colocar el relleno encima. Este tipo de sushi es un buen receptáculo para rellenos blandos como las huevas de pescado. En el caso de las empanadillas hechas con tofu relleno (inari zushi), el arroz es introducido en un bolsillo de tofu ya preparado. Saben muy bien simplemente con arroz, pero puede variar los sabores añadiendo otros ingredientes como jengibre encurtido, sésamo tostado, setas picadas o tiras de pollo.

rollitos de atún, huevas de salmón y hojas de shiso

ingredientes

PARA 6 UNIDADES

120 g de atún para sushi

3 láminas de alga nori,
    tostadas

1/4 de ración de arroz para
    sushi recién cocido
    (*véase* pág. 8)

pasta de wasabi

6 hojas de shiso picadas

2 cucharadas de huevas
    de salmón

salsa de soja japonesa,
    jengibre encurtido y pasta
    de wasabi, para servir

preparación

1 Corte el atún en tiras de unos 8 mm de grosor, con un cuchillo bien afilado y humedecido y cortando contra la veta. Limpie el cuchillo con un paño de cocina humedecido entre corte y corte.

2 Doble 1 lámina de nori por la mitad a lo largo, presione el borde y córtela en dos. Ponga la mitad que no utilice de nuevo en el envoltorio o cúbrala con film transparente para que no se seque.

3 Coloque una mitad con el lado brillante hacia abajo sobre una superficie de trabajo y disponga 1 cucharada colmada de arroz en el lado izquierdo. Unte el arroz con un poco de salsa wasabi. Remate con 1/6 parte del atún y añada 1/6 parte de las hojas de shiso picadas.

4 Doble la base del lado izquierdo de la lámina de nori sobre el arroz y el relleno, para que el borde doblado forme un ángulo recto con el borde inferior. Siga enrollando hasta obtener un cono. Ponga una gota de agua avinagrada en el interior de la juntura para sellarlo.

5 Disponga 1 cucharadita de huevas de salmón en el cono para decorarlo. Repita el proceso con el resto de los ingredientes hasta tener 6 conos. Sírvalos acompañados de salsa de soja, jengibre encurtido y pasta de wasabi.

rollitos de anguila glaseada

ingredientes

PARA 6 UNIDADES

125 ml de salsa de soja

2 cucharadas de mirin

2 cucharadas de sake

miel, al gusto

3 láminas grandes de alga
nori, tostadas y partidas
por la mitad

1/4 de ración de arroz para
sushi, recién cocido
(*véase* pág. 8)

2 filetes de anguila ahumada
en tiras

1/2 aguacate maduro
en tiras

salsa de soja japonesa,
jengibre encurtido y pasta
de wasabi, para servir

preparación

1 Ponga la salsa de soja, el mirin y el sake en un cazo y déjelo a fuego lento 5 minutos o hasta que se haya reducido un poco. Incorpore 1 cucharadita de miel, pruébelo y añada más miel hasta que la salsa adquiera el dulzor deseado.

2 Coloque un trozo de nori sobre una superficie de trabajo y disponga parte del arroz por encima. Extiéndalo hasta que ocupe las 2/3 partes inferiores de la lámina.

3 Disponga 1/6 parte de la anguila sobre el arroz y rocíe generosamente la anguila y el arroz con la salsa. Añada un par de láminas de aguacate.

4 Enrolle el nori en forma de cono, doblando la esquina inferior a medida que va enrollando. Pegue los bordes con una gota de agua avinagrada.

5 Repita el proceso con el resto de los ingredientes hasta tener 6 conos.

rollitos de salmón, pepino y rábano encurtido

ingredientes

PARA 6 UNIDADES

120 g de salmón para sushi

3 láminas de alga nori, tostadas

1/4 de ración de arroz para sushi recién cocido (*véase* pág. 8)

pasta de wasabi

1/3 de pepino sin semillas y en tiras finas

50 g de takuan (rábano encurtido) en tiras finas

salsa de soja japonesa, jengibre encurtido y pasta de wasabi, para servir

preparación

1 Corte el salmón en tiras de unos 8 mm de grosor, con un cuchillo bien afilado y humedecido y cortando contra la veta. Limpie el cuchillo con un paño de cocina humedecido entre corte y corte.

2 Doble 1 lámina de nori por la mitad a lo largo, presione el borde y córtela en dos. Ponga la mitad que no utilice de nuevo en el envoltorio o cúbrala con film transparente para que no se seque.

3 Ponga una mitad de nori con el lado brillante hacia abajo sobre una superficie de trabajo y disponga 1 cucharada colmada de arroz en el lado izquierdo. Unte el arroz con un poco de pasta de wasabi. Remate con 1/6 parte de las tiras de salmón y añada 1/6 parte de las tiras de pepino y de takuan.

4 Doble la base del lado izquierdo de la lámina de nori sobre el arroz y el relleno, para que el borde doblado forme un ángulo recto con el borde inferior. Siga enrollando hasta obtener un cono. Pegue los bordes con una gota de agua avinagrada.

5 Repita el proceso con el resto de los ingredientes hasta tener 6 conos. Sírvalos acompañados de salsa de soja, jengibre encurtido y pasta de wasabi.

rollitos de bacalao con salsa tártara

ingredientes

PARA 6 UNIDADES

150 g de rebozado para tempura

aceite vegetal, para freír

6 varitas de bacalao o merluza de unos 5 cm de largo

3 láminas grandes de alga nori, tostadas y partidas por la mitad

$1/4$ de ración de arroz para sushi, recién cocido (*véase* pág. 8)

3 cucharadas de salsa tártara, y un poco más para servir

3 cebolletas partidas por la mitad a lo largo y en tiras finas

preparación

1 Disuelva el rebozado para tempura en agua según las instrucciones del envase; la pasta debería quedar con grumos y espumosa. Caliente aceite en la freidora o en la sartén a 180-190 °C o hasta que un dado de pan se dore en 30 segundos.

2 Reboce las tiras de pescado en la tempura y fríalas, por tandas, durante 2 o 3 minutos, hasta que estén doradas. Déjelas secar sobre papel de cocina.

3 Doble 1 lámina de nori por la mitad a lo largo, presione el borde y córtela en dos. Coloque un trozo de nori sobre una superficie de trabajo y ponga parte del arroz encima. Extienda un poco de salsa tártara sobre el arroz y disponga $1/6$ parte del pescado y de la cebolleta.

4 Enrolle el nori en forma de cono, doblando la esquina inferior a medida que va enrollando. Pegue los bordes con una gota de agua avinagrada.

5 Repita el proceso con el resto de los ingredientes hasta tener 6 conos. Sirva los rollitos de bacalao con salsa tártara.

rollitos de atún tataki

ingredientes

PARA 6 UNIDADES

1 cucharadita de pimienta

1 cucharada de jengibre
fresco rallado

1 cucharada de semillas
de sésamo

150 g de atún para sushi
o filete muy fresco

sal

2 cucharadas de aceite

3 láminas grandes de alga
nori, tostadas y partidas
por la mitad

1/4 de ración de arroz para
sushi, recién cocido
(*véase* pág. 8)

1/2 pepino sin semillas
y en tiras finas

4 cucharadas de mayonesa
japonesa

pasta de wasabi

preparación

1 Mezcle la pimienta con el jengibre y las
semillas de sésamo, y frote el atún con la
mezcla, presionando con firmeza el sésamo
para que no se desprenda. Sale ligeramente
el pescado.

2 Caliente el aceite en una sartén a fuego vivo
y fría el atún 6 minutos por cada lado o hasta
que casi esté asado. Retírelo del fuego, déjelo
enfriar y córtelo en tiras finas.

3 Ponga un trozo de nori sobre una superficie
de trabajo y disponga parte del arroz encima.
Extiéndalo hasta que ocupe las 2/3 partes
inferiores de la lámina. Reparta 1/6 parte del
atún y del pepino sobre el arroz, y extienda
un poco de mayonesa y una pizca de wasabi.

4 Enrolle el nori en forma de cono, doblando
la esquina inferior a medida que va enrollando.
Pegue los bordes con una gota de agua
avinagrada.

5 Repita el proceso con el resto de los
ingredientes hasta tener 6 conos.

rollitos de calamar a la pimienta

ingredientes

PARA 6 UNIDADES

4 cucharadas de harina

1 cucharadita de pimienta de
   Sichuan o negra, molida

1 cucharadita de sal

12 anillas de calamar sin
   la membrana interior
   y cortadas por la mitad

aceite, para freír

3 láminas grandes de alga
   nori, tostadas y partidas
   por la mitad

$1/4$ de ración de arroz para
   sushi, recién cocido
   (*véase* pág. 8)

4 cucharadas de mayonesa
   japonesa

preparación

1 Mezcle la harina con la pimienta y la sal
e introdúzcala, junto con el calamar, en una
bolsa de plástico. Agite bien la bolsa para
que el calamar quede bien rebozado.

2 Caliente unos 2 cm de aceite en un wok
o en una sartén honda y fría el calamar,
por tandas, removiendo de vez en cuando,
durante 1 minuto o hasta que esté dorado.
Retírelo y déjelo escurrir sobre papel de
cocina para retirar el exceso de aceite.

3 Ponga un trozo de nori en una superficie
y extienda parte del arroz por las $2/3$ partes
inferiores. Disponga $1/6$ parte del calamar
sobre el arroz y un poco de mayonesa.

4 Enrolle el nori en forma de cono, doblando
la esquina a medida que va enrollando. Pegue
los bordes con una gota de agua avinagrada.

5 Repita el proceso con el resto de los
ingredientes hasta tener 6 conos.

rollitos de salmón con salsa de guindilla dulce

ingredientes

PARA 6 UNIDADES

1 filete de salmón con piel
de unos 150 g

sal y pimienta

1 cucharada de aceite

3 láminas grandes de alga
nori, tostadas y partidas
por la mitad

1/4 de ración de arroz para
sushi, recién cocido
(*véase* pág. 8)

2 cebolletas partidas por
la mitad y en tiras finas

4 cucharadas de mayonesa
japonesa

2 cucharadas de salsa
de guindilla dulce, un
poco más para servir

tiras finas de pepino,
para servir

preparación

1 Salpimiente el filete de salmón.

2 Caliente el aceite en una sartén a fuego vivo y fríalo con el lado de la piel hacia abajo 2 minutos, hasta que la piel esté crujiente. Baje la temperatura a la posición media y fríalo 2 minutos más. Dele la vuelta y déjelo otro minuto o hasta que esté bien asado. Déjelo enfriar y desmenúcelo, dejando algunos trozos con la piel crujiente.

3 Coloque un trozo de nori sobre una superficie de trabajo y ponga parte del arroz por encima. Extiéndalo hasta que ocupe las 2/3 partes inferiores de la lámina. Coloque 1/6 parte del salmón desmenuzado y de la cebolleta sobre el arroz, ponga un poco de mayonesa por encima y un poquito de salsa de guindilla dulce.

4 Enrolle el nori en forma de cono, doblando la esquina inferior a medida que lo va enrollando. Pegue los bordes con una gota de agua avinagrada.

5 Repita el proceso con el resto de los ingredientes hasta tener 6 conos. Sirva los rollitos con tiras de pepino y guindilla dulce.

rollitos con hamachi (atún claro japonés)

ingredientes

PARA 6 UNIDADES

120 g de atún claro para sushi (o pargo rojo)

3 láminas de alga nori, tostadas

1/4 de ración de arroz para sushi recién cocido (*véase* pág. 8)

1 puñado de hojas de espinaca tiernas

2 cucharadas de ciruelas umeboshi picadas

1/4 de pepino sin semillas y en tiras finas

2 cucharadas de semillas de sésamo tostadas

salsa de soja japonesa, jengibre encurtido y pasta de wasabi, para servir

preparación

1 Corte el pescado en tiras de unos 8 mm de grosor, con un cuchillo bien afilado y humedecido y cortando contra la veta. Limpie el cuchillo con un paño de cocina humedecido entre corte y corte.

2 Doble 1 lámina de nori por la mitad a lo largo, presione el borde y córtela en dos. Coloque una mitad con el lado brillante hacia abajo sobre una superficie de trabajo y disponga 1 cucharada colmada de arroz en el lado izquierdo. Ponga unas cuantas hojas de espinaca sobre el arroz y remate con 1/6 parte de pescado, de ciruelas y de pepino.

3 Doble la base del lado izquierdo de la lámina de nori sobre el arroz y el relleno, para que el borde doblado forme un ángulo recto con el borde inferior. Siga enrollando hasta obtener un cono. Pegue los bordes con una gota de agua avinagrada.

4 Espolvoree 1 cucharadita de semillas de sésamo tostadas sobre el relleno. Repita el proceso con el resto de los ingredientes hasta tener 6 conos. Sirva los rollitos con salsa de soja, jengibre encurtido y pasta de wasabi.

rollitos de tempura de gambas y lechuga

ingredientes

PARA 6 UNIDADES

6 gambas grandes peladas
    y sin el hilo intestinal
150 g de rebozado para
    tempura
aceite vegetal, para freír
3 láminas de alga nori,
    tostadas
¹/₄ de ración de arroz para
    sushi recién cocido
    (*véase* pág. 8)
1 puñado de hojas de
    lechuga iceberg, en tiras
1 guindilla roja y 1 verde, sin
    semillas y en tiras muy
    finas (opcional)
salsa para tempura (*véase*
    pág. 204), para servir

preparación

1 Haga una incisión en la parte interior de las gambas para que se mantengan rectas al freírlas.

2 Disuelva el rebozado para tempura en agua siguiendo las instrucciones del envase; la pasta debería quedar con grumos y espumosa. Caliente el aceite vegetal en una freidora a 180-190 °C o hasta que un dado de pan se dore en 30 segundos.

3 Reboce las gambas y fríalas por tandas 2 o 3 minutos, hasta que estén doradas. Escúrralas sobre papel absorbente. Déjelas enfriar.

4 Parta las láminas de alga por la mitad (*véase* pág. 78). Coloque una mitad con el lado brillante hacia abajo sobre una superficie de trabajo y disponga 1 cucharada colmada de arroz en el lado izquierdo. Ponga encima tiras de lechuga y 1 gamba rebozada, y, si la utiliza, añada 1 hilera de guindilla roja y otra verde.

5 Doble la base del lado izquierdo de la lámina de nori sobre el arroz y el relleno, para que el borde doblado forme un ángulo recto con el borde inferior. Siga enrollando hasta obtener un cono. Pegue los bordes con una gota de agua avinagrada. Repita el proceso con el resto de los ingredientes hasta tener 6 conos. Sirva los rollitos con la salsa para tempura.

rollitos de pato con salsa hoisin

ingredientes

PARA 6 UNIDADES

$^1/_4$ de pato a la pekinesa
    o a la barbacoa

4 cucharadas de salsa hoisin
    o de ciruelas

3 láminas grandes de alga
    nori, tostadas y partidas
    por la mitad

$^1/_4$ de ración de arroz para
    sushi, recién cocido
    (*véase* pág. 8)

2 cebolletas partidas por la
    mitad y en tiras finas, y un
    poco más para decorar

preparación

1 Deshuese el pato sin desmenuzarlo demasiado y corte la carne y la piel en tiras finas. Si tiene mucha piel deje sólo las partes más tostadas. Elimine el exceso de grasa.

2 Pase la carne y la piel del pato por la mitad de la salsa hoisin o de ciruelas.

3 Coloque un trozo de nori sobre una superficie de trabajo y ponga parte del arroz por encima. Extiéndalo hasta que ocupe las $^2/_3$ partes inferiores de la lámina. Disponga $^1/_6$ parte del pato y de la cebolleta sobre el arroz y, a continuación, rocíelo con un poco más de salsa hoisin o de ciruela.

4 Enrolle el nori en forma de cono, doblando la esquina inferior a medida que va enrollando. Pegue los bordes con una gota de agua avinagrada.

5 Repita el proceso con el resto de los ingredientes hasta tener 6 conos. Adorne los rollitos con cebolleta.

rollitos de rosbif con mayonesa de wasabi

ingredientes

PARA 6 UNIDADES

50 g de daikon fresco (rábano
blanco alargado) pelado

3 láminas de alga nori,
tostadas

$1/4$ de ración de arroz para
sushi recién cocido
(*véase* pág. 8)

50 g de hojas de mizuna
(ruqueta)

6 lonchas finas de rosbif
poco hecho

para la mayonesa
de wasabi

2 cucharadas de mayonesa

1 cucharadita de pasta de
wasabi, o al gusto

preparación

1 Corte el daikon en tiras muy finas con una
mandolina, o bien córtelo en láminas delgadas
y después cada una de ellas en tiras finas.
Enjuáguelas, escúrralas y déjelas en el
frigorífico hasta que las necesite.

2 Prepare la mayonesa de wasabi mezclando
en un bol la mayonesa con la pasta de
wasabi.

3 Doble 1 lámina de nori por la mitad a lo
largo, presione el borde y córtela en dos.

4 Coloque una mitad con el lado brillante
hacia abajo sobre una superficie de trabajo
y disponga 1 cucharada colmada de arroz en
el lado izquierdo. Extienda 1 cucharadita de
mayonesa de wasabi sobre el arroz, añada
unas hojas de mizuna y $1/6$ parte de las tiras
de daikon enfriadas. Enrolle 1 loncha de rosbif
en forma cónica y colóquela encima.

5 Doble la base del lado izquierdo de la lámina
de nori sobre el arroz y el relleno, para que el
borde doblado forme un ángulo recto con el
borde inferior. Siga enrollando hasta obtener
un cono. Pegue los bordes con una gota de
agua avinagrada. Repita el proceso con el
resto de los ingredientes hasta tener 6 conos.

rollitos de aguacate, berros y encurtidos

ingredientes

PARA 6 UNIDADES

3 láminas de alga nori,
   tostadas

$1/4$ de ración de arroz para
   sushi recién cocido
   (*véase* pág. 8)

pasta de wasabi

6 ramitas de berros

$1/4$ de pepino sin semillas
   y en tiras finas

1 aguacate maduro de piel
   verde, pelado, deshuesado
   y en 12 tiras

50 g de algún encurtido
   japonés, por ejemplo
   shibazuke

18 tallos de cebollino
   despuntados

salsa de soja japonesa,
   jengibre encurtido y pasta
   de wasabi, para servir

preparación

1 Doble 1 lámina de nori por la mitad a lo largo, presione el borde y córtela en dos. Ponga la mitad que no utilice de nuevo en el envoltorio o cúbrala con film transparente para que no se seque.

2 Coloque una mitad con el lado brillante hacia abajo sobre una superficie de trabajo y disponga 1 cucharada colmada de arroz en el lado izquierdo. Unte el arroz con un poco de salsa wasabi. Disponga sobre el arroz 1 ramita de berros, $1/6$ parte del pepino, 2 lonchitas de aguacate y $1/6$ parte del encurtido. Decórelo con 3 tallos de cebollino.

3 Doble la base del lado izquierdo de la lámina de nori sobre el arroz y el relleno, para que el borde doblado forme un ángulo recto con el borde inferior. Siga enrollando hasta obtener un cono. Pegue los bordes con una gota de agua avinagrada.

4 Repita el proceso con el resto de los ingredientes hasta tener 6 conos. Sírvalos acompañados de salsa de soja, jengibre encurtido y pasta de wasabi.

rollitos de tortilla con rábano encurtido y shiso

ingredientes

PARA 6 UNIDADES

$1/4$ de ración de arroz para
   sushi recién cocido
   (*véase* pág. 8)
pasta de wasabi
50 g de takuan (rábano
   encurtido) en tiras finas
6 hojas de shiso

para la tortilla

4 huevos
1 cucharadita de azúcar fino
2 cucharaditas de mirin
1 cucharadita de salsa
   de soja japonesa
$1/4$ de cucharadita de sal
3 cucharaditas de aceite
   vegetal

preparación

1 Primero haga la tortilla. Bata los huevos con el azúcar, el mirin, la salsa de soja y la sal, procurando que no queden demasiado esponjosos. Cuélelos sobre una salsera.

2 Ponga 1 cucharadita de aceite en una sartén. Vierta $1/3$ de la mezcla de huevo, inclinando la sartén para repartirla bien. Cuando el huevo esté casi cuajado, dele la vuelta para que se cueza del otro lado. Pase la tortilla a un plato forrado con papel absorbente y déjela enfriar. Recorte la tortilla para que tenga forma cuadrada. Corte la tortilla en dos, para hacer 2 rollitos.

3 Coloque un trozo de tortilla sobre una tabla de picar. Disponga 1 cucharada colmada de arroz sobre el lado izquierdo. Unte el arroz con un poco de pasta de wasabi. Coloque $1/6$ parte de las tiras de takuan y 1 hoja de shiso sobre el arroz.

4 Doble la base del lado izquierdo de la lámina de nori sobre el arroz y el relleno, para que el borde doblado forme un ángulo recto con el borde inferior. Siga enrollando hasta obtener un cono.

5 Sirva estos primeros rollitos enseguida mientras prepara los demás.

sushi ovalado de huevas de salmón

ingredientes

PARA 8 UNIDADES

$1/3$ de ración de arroz para
    sushi, recién cocido
    (*véase* pág. 8)
2 láminas pequeñas de alga
    nori, tostadas y en 4 tiras
pasta de wasabi
8 cucharadas de huevas
    de salmón, trucha o
    pez volador
salsa de soja y jengibre
    encurtido, para servir

preparación

1 Divida el arroz en 8 partes iguales. Humedézcase las manos para que no se le pegue el arroz y forme 8 bolitas ovaladas. Envuelva con cuidado una tira de nori alrededor de cada bolita, recorte la que sobre y pegue los bordes con una gota de agua avinagrada.

2 Ponga un poquito de wasabi y una cucharada de huevas de salmón sobre cada sushi. Sírvalos enseguida acompañados con salsa de soja y jengibre encurtido.

sushi ovalado de trucha ahumada

ingredientes

PARA 8 UNIDADES

1/3 de ración de arroz para sushi, recién cocido (*véase* pág. 8)

2 láminas pequeñas de alga nori, tostadas y en 4 tiras

2 cucharadas de mayonesa japonesa

1 cucharadita de ralladura de limón

2 cucharaditas de zumo de limón

2 cebolletas picadas

1 filete de trucha ahumada desmenuzado

50 g de salmón ahumado en tiras

salsa ponzu (*véase* pág. 228), para servir

4 rábanos picados, para decorar

preparación

1 Divida el arroz en 8 partes iguales. Humedézcase las manos para que no se le pegue el arroz y forme 8 bolitas ovaladas. Envuelva con cuidado una tira de nori alrededor de cada bolita, recorte la que sobre y pegue los bordes con una gota de agua avinagrada.

2 Mezcle la mayonesa con la ralladura y el zumo de limón, y extienda un poco de esta mezcla sobre cada bolita de arroz. Esparza por encima un poco de cebolleta picada y, a continuación, disponga un poco de trucha y de salmón ahumados. Sirva el sushi acompañado con salsa ponzu y decorado con rábano picado.

sushi ovalado de cangrejo con pimienta y limón

ingredientes

PARA 8 UNIDADES

1 cangrejo cocido

1 cucharadita de ralladura
  de limón

2 cucharadas de mayonesa
  japonesa

sal y pimienta

$1/3$ de ración de arroz para
  sushi, recién cocido
  (*véase* pág. 8)

2 láminas pequeñas de alga
  nori, tostadas y cortadas
  en 4 tiras

el zumo de 1 limón

2 limones en gajos,
  para decorar

preparación

1 Extraiga la carne del caparazón del cangrejo y mézclela con la ralladura de limón y la mayonesa. Salpimiente.

2 Divida el arroz en 8 partes iguales. Humedézcase las manos para que no se le pegue el arroz y forme 8 bolitas ovaladas. Envuelva con cuidado una tira de nori alrededor de cada bolita de arroz, recorte la que sobre y pegue los bordes con una gota de agua avinagrada.

3 Disponga sobre cada sushi un poco de carne de cangrejo y rocíelos con unas gotas de zumo de limón. Sírvalos enseguida decorados con gajos de limón.

sushi ovalado de judías verdes

ingredientes

PARA 8 UNIDADES

20 judías verdes despuntadas
y en tiras diagonales

1 cucharada de aceite
de sésamo

1 cucharada de semillas
de sésamo tostadas

sal y pimienta

1 cucharadita de ralladura
de limón

$1/3$ de ración de arroz para
sushi, recién cocido
(*véase* pág. 8)

2 láminas pequeñas de alga
nori, tostadas y en 4 tiras

pasta de wasabi

salsa de soja y jengibre
encurtido, para servir

preparación

1 Ponga las judías en un cazo con un poco de agua y llévelas a ebullición. Cuézalas 2 minutos, escúrralas y mézclelas con el aceite y las semillas de sésamo. Salpimiente al gusto y añádales la ralladura de limón.

2 Divida el arroz en 8 partes iguales. Humedézcase las manos para que no se le pegue el arroz y forme 8 bolitas ovaladas. Envuelva con cuidado una tira de nori alrededor de cada bolita, recorte la que sobre y pegue los bordes con una gota de agua avinagrada.

3 Ponga un poquito de wasabi sobre cada sushi y coloque encima las judías verdes. Sírvalos enseguida con salsa de soja y jengibre encurtido.

empanadillas de sushi

ingredientes

PARA 8 UNIDADES

4 láminas de tofu frito
　(aburage)
175 ml de caldo dashi
3 cucharadas de salsa
　de soja
2 cucharadas de azúcar fino
1 cucharada de sake
1 cucharada de semillas
　de sésamo tostadas
$1/4$ de ración de arroz para
　sushi, recién cocido
　(*véase* pág. 8)

preparación

1 Coloque las láminas de tofu en un cuenco y cúbralas con agua hirviendo para eliminar el exceso de grasa que puedan tener. Escúrralas y déjelas enfriar. Pártalas por la mitad y, con cuidado, ábralas para obtener una empanadilla.

2 Mezcle el caldo dashi con la salsa de soja, el azúcar y el sake en un cazo, y llévelo a ebullición. Eche las empanadillas y déjelas a fuego lento durante 10 o 15 minutos, hasta que se haya evaporado casi todo el líquido. Retírelas del fuego, escúrralas y déjelas enfriar. Séquelas con un paño de cocina limpio, deben quedar húmedas pero no mojadas.

3 Mezcle las semillas de sésamo con el arroz para sushi. Rellene las empanadillas con esta preparación y doble bien el extremo para cerrarlas. Sírvalas a temperatura ambiente.

empanadillas de pollo a la guindilla

ingredientes

PARA 8 UNIDADES

4 láminas de tofu frito
  (aburage)
175 ml de caldo dashi (*véase*
  pág. 194, o utilice caldo
  instantáneo)
3 cucharadas de salsa
  de soja japonesa
2 cucharadas de azúcar fino
1 cucharada de sake
1 pechuga de pollo de unos
  150 g, deshuesada y
  sin piel
1 cucharada de aceite vegetal
1 cucharadita de copos
  de guindilla roja
2 cucharadas de piñones
  tostados
1 cucharada de perejil picado
1/4 de ración de arroz para
  sushi recién cocido
  (*véase* pág. 8)

preparación

1 Ponga las láminas de tofu en un cuenco y cúbralas con agua hirviendo para eliminar el exceso de grasa. Escúrralas y déjelas enfriar. Pártalas por la mitad y, con cuidado, ábralas para obtener una empanadilla.

2 Mezcle el caldo dashi con la salsa de soja, el azúcar y el sake en un cazo, y llévelo a ebullición. Eche las empanadillas y déjelas a fuego lento durante 10 o 15 minutos, hasta que se haya evaporado casi todo el líquido. Retírelas del fuego, escúrralas y déjelas enfriar. Séquelas con un paño de cocina limpio, deben quedar húmedas pero no mojadas.

3 Corte la pechuga de pollo en tiras finas. Caliente el aceite en un wok o sartén honda y eche los copos de guindilla. Caliéntelos unos segundos y añada el pollo. Fríalo de 3 a 4 minutos, hasta que esté bien hecho. Déjelo escurrir sobre papel absorbente y después píquelo. Déjelo enfriar.

4 Con suavidad, mezcle el arroz con el pollo a la guindilla, los piñones y el perejil. Rellene las empanadillas con esta preparación y doble bien el extremo para cerrarlas. Sírvalas a temperatura ambiente.

hatillos de tortilla con setas

ingredientes

PARA 6 UNIDADES

15 g de mantequilla

225 g de setas shiitake
o de cardo en láminas

$1/4$ de ración de arroz para
sushi recién cocido
(*véase* pág. 8)

1 cucharada de perejil picado

1 pizca de cayena molida

6 tallos de cebollino

salsa de soja japonesa,
jengibre encurtido y pasta
de wasabi, para servir

para la tortilla

4 huevos

1 cucharadita de azúcar fino

2 cucharaditas de mirin

1 cucharadita de salsa
de soja japonesa

$1/4$ de cucharadita de sal

4 cucharaditas de aceite
vegetal

salsa de soja japonesa,
jengibre encurtido y pasta
de wasabi, para servir

preparación

1 Derrita la mantequilla en un cazo. Cuando chisporrotee, eche las setas y sofríalas a fuego vivo de 3 a 4 minutos, hasta que estén doradas y se hayan reducido a la mitad de su volumen.

2 Retírelas con una espumadera y píquelas. Mézclelas con el arroz, el perejil y la cayena.

3 Ahora prepare los hatillos de tortilla. Bata los huevos con el azúcar, el mirin, la salsa de soja y la sal, procurando que no queden demasiado esponjosos. Cuélelos sobre una salsera y vierta $1/6$ parte de la mezcla en una sartén de 15 cm de diámetro.

4 Caliente a fuego medio-bajo $2/3$ del aceite en una sartén. Vierta $1/3$ del huevo, inclinando la sartén para repartirlo bien. Cuando el huevo esté casi cuajado, dele la vuelta y cueza la tortilla por el otro lado. Pásela a un plato forrado con papel absorbente y déjela enfriar.

5 Ponga 1 tortilla en una superficie de trabajo y disponga $1/6$ parte de la mezcla de arroz y setas en el centro. Frunza las 4 esquinas de la tortilla y átelas con un tallo de cebollino. Prepare el resto de hatillos del mismo modo. Sírvalos con salsa de soja, jengibre encurtido y pasta de wasabi.

sashimi y
sushi prensado

Una buena parte del atractivo del sushi es su aspecto cuidado, casi geométrico. No es difícil hacer que unas rodajas de pescado crudo (sashimi) queden pulcras, pero hace falta un poco de práctica. Para hacer sushi prensado (oshi zushi) merece la pena comprar una prensadora especial (oshi waku). Puede escoger entre la versión tradicional de madera, que hay que dejar en remojo durante 15 minutos antes de utilizarla, o una de plástico que sólo tendrá que humedecer con un paño limpio mojado. Las prensadoras de sushi vienen en distintos tamaños: con las que utilizamos para estas recetas se pueden hacer 5 unidades a la vez.

Si no tiene prensadora puede utilizar un molde desmontable de 8 cm de diámetro, con el que conseguirá 15 rollitos. Tendrá que utilizar $^3/_4$ partes del arroz que indica la receta y aumentar por la mitad la cantidad de los demás ingredientes. Forre el molde con una lámina grande de film transparente antes de añadir el relleno y la cobertura. Cubra el relleno con el film que cuelga por los bordes y coloque un peso encima. Espere 15 minutos y desmolde el sushi.

Las barritas de sushi (nigiri zushi) se preparan en un molde o con las manos. Tenga a mano un cuenco con agua avinagrada para humedecerse las manos antes de manipular el arroz.

sashimi variado

ingredientes

PARA 4 PERSONAS

1 caballa fresca, limpia
 y en filetes

100 ml de vinagre de arroz

3 vieiras en sus conchas

150 g de atún para sushi,
 cortado

150 g de salmón para sushi,
 cortado

50 g de daikon (rábano
 blanco alargado) en tiras
 finas

cebollino despuntado y hojas
 de shiso, para decorar

pasta de wasabi, salsa de soja
 japonesa y jengibre
 encurtido, para servir

preparación

1 Ponga los filetes de caballa en una fuente llana no metálica, vierta el vinagre y cubra la fuente con plástico transparente. Deje macerar el pescado en el frigorífico 1 hora.

2 Retire el pescado del adobo, séquelo con papel absorbente y quítele la piel. Sujetando un cuchillo bien afilado y humedecido a un ángulo de 45° con respecto a la tabla de picar, corte la caballa en lonchas diagonales de 8 mm de grosor.

3 Para preparar las vieiras, inserte un cuchillo fuerte y corto entre las conchas y gírelo para abrirlas. Retire las vieiras de su concha. Deseche el coral y la parte oscura, las barbas blancas y las membranas. Corte las vieiras por la mitad horizontalmente.

4 Ponga las vieiras en una fuente refractaria y cúbralas con agua hirviendo. Retírelas enseguida y séquelas con papel absorbente.

5 Corte el atún y el salmón en rectángulos de 8 mm de grosor cortando contra la veta con un cuchillo bien afilado y humedecido, limpiando el cuchillo con un paño de cocina húmedo entre corte y corte.

6 Ponga las tiras de daikon en una fuente, las vieiras encima y las lonchas de pescado a su alrededor de forma decorativa. Adorne el plato con cebollino y sírvalo con pasta de wasabi, salsa de soja y jengibre encurtido.

róbalo con aceite de guindilla

ingredientes

PARA 4 PERSONAS

50 g de daikon (rábano
blanco alargado) en tiras
finas

1 róbalo pequeño escamado
y en filetes

1 puñadito de hojas
de ensalada verde

2 cucharaditas de aceite
de guindilla

salsa de soja japonesa,
jengibre encurtido y pasta
de wasabi, para servir

preparación

1 Corte el daikon en tiras muy finas con una mandolina, o bien córtelo en láminas delgadas y después cada una de ellas en tiras. Enjuáguelas, escúrralas y déjelas en el frigorífico hasta que las necesite.

2 Corte los filetes de pescado en rectángulos y colóquelos sobre una tabla de picar con el lado de la piel hacia arriba. Con un cuchillo bien afilado y cortando contra la veta, parta cada filete en rectángulos de 8 mm de grosor, limpiando el cuchillo con un paño de cocina húmedo entre corte y corte.

3 Ponga unas cuantas hojas de ensalada en 4 platos individuales y disponga un montoncito de tiras de daikon encima. Coloque las lonchas de róbalo ligeramente solapadas y en forma de abanico y rocíelas con el aceite de guindilla. Sirva el plato con salsa de soja, jengibre encurtido y pasta de wasabi.

ensalada de pez espada soasado

ingredientes

PARA 4 PERSONAS

85 g de daikon (rábano blanco alargado) en tiras finas

50 g de zanahoria

1/2 pepino

250 g de rodajas de pez espada, sin piel

2 cucharaditas de aceite de cacahuete

2 cucharaditas de semillas de sésamo blanco, tostadas

para el aliño de sésamo

1 cucharada de salsa de soja japonesa

2 cucharadas de aceite de sésamo

1/2 cucharadita de pasta de wasabi

1 cucharadita de vinagre de arroz

preparación

1 Ponga todos los ingredientes del aliño en un bol y remueva para mezclarlos. Deje el aliño en el frigorífico hasta que lo necesite.

2 Corte el daikon y la zanahoria en tiras muy finas con una mandolina, o bien córtelos en láminas delgadas y después cada una de ellas en tiras. Enjuáguelas, escúrralas y déjelas en el frigorífico hasta que las necesite. Corte el pepino en tiras finas, desechando la parte de las semillas.

3 Caliente el aceite en una sartén hasta que alcance una temperatura alta y soase el pescado de 30 a 60 segundos por cada lado. Déjelo enfriar.

4 Con un cuchillo bien afilado y cortando contra la veta, parta el pez espada soasado en lonchas de 8 mm de grosor, limpiando el cuchillo con un paño de cocina humedecido entre corte y corte.

5 Disponga el pescado en 4 platos individuales con las verduras y el aderezo de sésamo al lado, en montoncitos, con las semillas de sésamo tostadas por encima.

sashimi de atún macerado

ingredientes

PARA 4 PERSONAS

400 g de atún para sushi

3 cucharaditas de pasta
de wasabi

4 cucharadas de salsa
de soja japonesa

1 cucharada de cebollino
picado, para decorar

preparación

1 Con un cuchillo bien afilado y humedecido, corte el atún en rectángulos de 1 cm de grosor, cortando contra la veta y limpiando el cuchillo con un paño de cocina húmedo entre corte y corte.

2 Ponga la pasta de wasabi y la salsa de soja en un cuenco donde pueda caber el atún y remueva para mezclarlos. Incorpore el atún y recúbralo con la salsa. Déjelo macerar unos 5 minutos.

3 Disponga los trozos de atún macerado en 4 platos individuales y decórelos con el cebollino.

sashimi de salmón soasado con sésamo y pimienta

ingredientes

PARA 4 PERSONAS

50 g de daikon (rábano blanco alargado) en tiras finas

85 g de semillas de sésamo blanco

pimienta negra

400 g de salmón para sushi

2 cucharaditas de aceite de cacahuete

4 hojas de shiso

salsa ponzu (*véase* pág. 228), para servir

preparación

1 Corte el daikon en tiras muy finas con una mandolina, o bien córtelo en láminas delgadas y después cada una de ellas en tiras más finas. Enjuáguelas, escúrralas y déjelas en el frigorífico hasta que las necesite.

2 Maje las semillas de sésamo en el mortero y espárzalas sobre una fuente. Muela encima abundante pimienta negra y remueva para mezclarlo.

3 Recorte el filete de salmón para formar un rectángulo. Caliente el aceite en una sartén hasta que alcance una temperatura alta y soase el salmón 1 minuto por cada lado y los costados. Retírelo de la sartén.

4 Disponga el salmón sobre la mezcla de semillas de sésamo y pimienta y rebócelo bien. Con un cuchillo bien afilado y humedecido, corte el salmón soasado en rectángulos de 8 mm de grosor, cortando contra la veta y limpiando el cuchillo con un paño de cocina humedecido entre corte y corte.

5 Reparta el salmón entre 4 platos individuales. Coloque 1 hoja de shiso en cada plato y ponga encima ¼ parte de las tiras de daikon. Sirva el plato con salsa ponzu para mojar.

barritas de sushi prensado de atún y pepino

ingredientes

PARA 10 UNIDADES

175 g de atún para sushi
1 pepino
1/2 ración de arroz para
    sushi recién cocido
    (*véase* pág. 8)
pasta de wasabi
salsa de soja japonesa,
    jengibre encurtido y pasta
    de wasabi, para servir

preparación

1 Con un cuchillo afilado y humedecido, corte el atún en rectángulos de 5 mm de grosor, cortando contra la veta y limpiando el cuchillo con un paño húmedo entre corte y corte.

2 Parta el pepino por la mitad a lo largo, reservando la mitad para otra receta. Recorte la mitad restante del tamaño de la oshi waku. Con una cucharilla, retire las semillas y córtelo en tiras con una mandolina o un pelapatatas.

3 Humedezca una oshi waku y recubra la base con una capa de lonchitas de atún. Disponga un poco de pasta de wasabi sobre el atún y después cúbralo con 1/4 parte del arroz. Prénselo con la tapa.

4 Cubra el arroz con una capa de pepino y extienda otra capa de arroz por encima. Vuelva a prensar.

5 Empuje la tapa hacia abajo con los pulgares. Ponga el sushi invertido sobre una tabla de picar, para que la capa de pescado quede arriba y, con un cuchillo bien afilado y humedecido, córtelo en 5 trozos iguales. Repita la operación hasta obtener 10 barritas. Sírvalas con salsa de soja, jengibre encurtido y pasta de wasabi.

bolitas de sushi de salmón ahumado

ingredientes

PARA 10 UNIDADES

1-2 lonchas de salmón
    ahumado
el zumo de $1/4$ de limón
$1/4$ de ración de arroz para
    sushi recién cocido
    (*véase* pág. 8)
pasta de wasabi
ralladura de limón,
    para decorar
salsa de soja japonesa,
    jengibre encurtido y pasta
    de wasabi, para servir

preparación

1 Corte el salmón en 10 cuadraditos de 2,5 cm y rocíelos con el zumo de limón.

2 Recorte un cuadrado de film transparente de 10 x 10 cm y coloque 1 cuadrado de salmón ahumado en el centro.

3 Coja $1^1/2$ cucharaditas de arroz y con cuidado forme una bolita. Colóquela sobre el salmón.

4 Envuelva el arroz y el salmón con el film transparente, retorciendo las 4 esquinas para formar un envoltorio apretado y para que el arroz del interior conserve la forma esférica. Repita el proceso hasta obtener 10 bolitas.

5 Desenvuelva las bolitas justo antes de servirlas. Para decorarlas, ponga un poquito de pasta de wasabi y unas tiras de ralladura de limón sobre cada una de ellas. Sírvalas acompañadas de salsa de soja, jengibre encurtido y pasta de wasabi.

barritas de sushi prensado de caballa macerada

ingredientes

PARA 10 UNIDADES

2 filetes de caballa de unos
   140 g cada uno
3 cucharadas de sal
250 ml de vinagre de arroz
pasta de wasabi
1/2 ración de arroz para
   sushi recién cocido
   (*véase* pág. 8)
salsa de soja japonesa,
   jengibre encurtido y pasta
   de wasabi, para servir

preparación

1 Ponga el pescado en una fuente, frótelo con la sal y déjelo en el frigorífico 2 horas.

2 Enjuague la caballa salada bajo el chorro de agua fría y séquela con papel absorbente. Coloque los filetes uno al lado del otro en una fuente llana y vierta el vinagre por encima. Déjelo macerar 1 hora en el frigorífico.

3 Seque los filetes con papel absorbente. Retire la piel exterior dejando intacta la interior plateada. Con unas pinzas, retire las espinas que pudiera tener. Recorte la parte superior con un cuchillo afilado para que los filetes tengan un grosor uniforme.

4 Humedezca una oshi waku para que el arroz no se pegue. Coloque los filetes en el molde, con el lado de la piel hacia abajo, recortándolos para que no queden huecos. Disponga un poco de wasabi sobre el pescado y después la mitad del arroz. Prénselo con la tapa.

5 Empuje la tapa hacia abajo con los pulgares. Ponga el sushi invertido sobre una tabla de picar, para que la capa de pescado quede arriba y, con un cuchillo bien afilado y humedecido, córtelo en 5 trozos iguales. Repita hasta obtener 10 barritas. Sírvalas con salsa de soja, jengibre encurtido y wasabi.

barritas de sushi prensado de pargo rojo

ingredientes

PARA 10 UNIDADES

175 g de filetes de pargo rojo

1/2 ración de arroz para
　　sushi recién cocido
　　(*véase* pág. 8)

pasta de wasabi

salsa de soja japonesa,
　　jengibre encurtido,
　　para servir

preparación

1 Ponga el pescado sobre una tabla de picar. Sujetando un cuchillo bien afilado y humedecido a un ángulo de 45° con respecto a la tabla, corte el pescado en lonchas diagonales de 5 mm de grosor. Deberían tener 7,5 cm de largo y 3 cm de ancho, para poder cubrir con ellas las barritas de arroz. Déjelas en el frigorífico hasta que las necesite.

2 Humedezca una oshi waku para que el arroz no se pegue. Rellénela con arroz. Prénselo con la tapa, retírelo y córtelo, con un cuchillo bien afilado y humedecido, en 5 barritas. Repita el proceso hasta obtener 10 barritas.

3 También puede darle forma con las manos. Disponga un puñado de arroz en la palma de la mano, dele forma de pelota de golf y después forme un rectángulo con la palma y los dedos de la otra mano. La barrita debería tener 5 cm de largo y 2 cm de ancho. Repita el proceso hasta obtener 10 barritas y colóquelas sobre una tabla de picar.

4 Reparta un poco de pasta de wasabi sobre cada barrita. Disponga una hilera de pescado encima, presionándolo contra los extremos cortos de la barrita de arroz para que no se deslicen. Sirva el sushi con salsa de soja, jengibre encurtido y pasta de wasabi extra.

barritas de sushi prensado con salmón ahumado y pepino

ingredientes

PARA 10 UNIDADES

200 g de salmón ahumado
en tiras

1/2 pepino pelado en tiras
muy finas

2 cucharadas de mayonesa
japonesa

1/2 ración de arroz para
sushi recién cocido
(*véase* pág. 8)

2 limones cortados en medias
rodajas y unas ramitas de
menta, para decorar

salsa de soja japonesa,
jengibre encurtido y pasta
de wasabi, para servir

preparación

1 Humedezca una oshi waku para que el arroz no se pegue. Cubra la base con la mitad del salmón ahumado y del pepino en franjas diagonales. Esparza la mitad de la mayonesa y después la mitad del arroz. Prénselo con la tapa.

2 Empuje la tapa hacia abajo con los pulgares. Ponga el sushi invertido sobre una tabla de picar, para que la capa de pescado quede arriba y, con un cuchillo bien afilado y humedecido, córtelo en 5 trozos iguales. Repita el proceso hasta obtener 10 barritas.

3 Disponga las barritas de sushi en una fuente, adórnelas con medias rodajas de limón y hojitas de menta. Sírvalas con salsa de soja, jengibre encurtido y pasta de wasabi.

barritas de sushi prensado de anguila glaseada

ingredientes

PARA 10 UNIDADES

350 g de anguila glaseada
ya preparada

1/2 ración de arroz para
sushi recién cocido
(*véase* pág. 8)

salsa de soja japonesa,
jengibre encurtido y pasta
de wasabi, para servir

preparación

1 Humedezca una oshi waku para que el arroz no se pegue.

2 Corte la anguila en tiras. Colóquelas uniformemente en la prensadora, cubriendo bien la base. Añada la mitad del arroz y prénselo con la tapa.

3 Empuje la tapa hacia abajo con los pulgares. Ponga el sushi invertido sobre una tabla de picar, para que la capa de anguila quede arriba y, con un cuchillo bien afilado y humedecido, córtelo en 5 trozos iguales. Limpie el cuchillo con un paño de cocina húmedo entre corte y corte. Repita el proceso hasta obtener de 10 barritas. Sírvalas acompañadas de salsa de soja, jengibre encurtido y pasta de wasabi.

sushi prensado de atún con salsa teriyaki y judías verdes

ingredientes

PARA 10 UNIDADES

200 g de filete de atún
en lonchas finas

2 cucharadas de salsa
teriyaki (*véase* pág. 180
o úsela envasada)

1 cucharada de aceite vegetal

10 judías verdes despuntadas
y partidas por la mitad

2 cucharadas de mayonesa
japonesa

$^{1}/_{2}$ ración de arroz para
sushi recién cocido
(*véase* pág. 8)

1 cucharadita de semillas
de sésamo tostadas

salsa de soja japonesa,
jengibre encurtido y pasta
de wasabi, para servir

preparación

1 Cubra las lonchas de atún con la salsa teriyaki y fríalas en una sartén con el aceite 1 minuto por cada lado. Córtelas en tiras anchas.

2 Escalde las judías 1 minuto en agua hirviendo, páselas bajo el chorro de agua fría y escúrralas bien.

3 Humedezca una oshi waku para que el arroz no se pegue. Disponga en la base las tiras de atún asado en 2 franjas anchas, recortándolo para que ajuste bien y coloque una hilera de judías en el centro. Esparza la mitad de la mayonesa y después la mitad del arroz. Prénselo con la tapa.

4 Empuje la tapa hacia abajo con los pulgares. Ponga el sushi invertido sobre una tabla de picar, para que la capa de anguila quede arriba y, con un cuchillo bien afilado y humedecido, córtelo en 5 trozos iguales. Limpie el cuchillo con un paño de cocina húmedo entre corte y corte. Repita el proceso hasta obtener 10 barritas.

5 Esparza las semillas de sésamo por encima y sirva el sushi acompañado de salsa de soja, jengibre encurtido y pasta de wasabi.

sushi de hipogloso y pimiento amarillo asado

ingredientes

PARA 10 UNIDADES

2 pimientos amarillos o
anaranjados, cuarteados
y despepitados

175 g de hipogloso para sushi

1/2 ración de arroz para
sushi recién cocido
(*véase* pág. 8)

1/2 lámina de alga nori,
tostada

1 guindilla roja en rodajitas
finas, para decorar

preparación

1 Ase el pimiento cuarteado bajo el grill caliente hasta que la piel esté chamuscada. Déjelo enfriar dentro de una bolsa de plástico, quítele la piel y córtelo en tiras.

2 Ponga el pescado sobre una tabla de picar. Sujetando un cuchillo bien afilado y humedecido a un ángulo de 45° con respecto a la tabla de picar, córtelo en lonchas diagonales de 5 mm de grosor. Deberían tener 7,5 cm de largo y 3 cm de ancho, para poder cubrir con ellas las barritas de arroz. Déjelas en el frigorífico.

3 Humedezca una oshi waku para que el arroz no se pegue. Rellénela con arroz. Prénselo con la tapa, retírelo y córtelo, con un cuchillo bien afilado y humedecido, en 5 barritas. Repita el proceso hasta obtener 10 barritas. También puede darle forma al arroz a mano (*véase* pág. 122).

4 Coloque una tira de pimiento sobre cada barrita y, a continuación, una lonchita de pescado horizontalmente. Con el índice y el pulgar presione las lonchas de pescado contra el costado del arroz para que no se deslicen.

5 Envuelva cada sushi con una tira de alga nori, recogiendo los extremos bajo el arroz. Decórelos con rodajitas de guindilla y sírvalos.

barritas de sushi prensado de salmón, aguacate y mayonesa al limón

ingredientes

PARA 10 UNIDADES

2 cucharadas de mayonesa
   japonesa
2 cucharaditas de ralladura
   de limón
150 g de salmón ahumado
   en tiras
1 aguacate grande y maduro,
   en tiras finas
$1/2$ ración de arroz para
   sushi recién cocido
   (*véase* pág. 8)
jengibre encurtido y pasta
   de wasabi, para servir

preparación

1 Humedezca una oshi waku para que el arroz no se pegue. Mezcle la mayonesa con la ralladura de limón.

2 Cubra la base de la prensadora con las tiras de salmón y las de aguacate formando franjas anchas en diagonal. Esparza la mitad de la mayonesa al limón y la mitad del arroz. Prénselo todo con la tapa.

3 Empuje la tapa hacia abajo con los pulgares. Ponga el sushi invertido sobre una tabla de picar, para que la capa de anguila quede arriba y, con un cuchillo bien afilado y humedecido, córtelo en 5 trozos iguales. Limpie el cuchillo con un paño de cocina húmedo entre corte y corte. Repita el proceso hasta obtener de 10 barritas.

4 Sirva el sushi con jengibre encurtido y pasta de wasabi.

sushi de gambas cocidas

ingredientes

PARA 10 UNIDADES

10 gambas grandes

1 cucharada de sake

$^1/_2$ cucharadita de sal

1 cucharada de vinagre
de arroz

$^1/_2$ ración de arroz para
sushi recién cocido
(*véase* pág. 8)

pasta de wasabi

salsa de soja japonesa,
jengibre encurtido,
para servir

preparación

1 Inserte una brocheta fina de madera en la parte interior de las gambas para evitar que se curven al cocerlas. Ponga 2,5 cm de agua en una cacerola junto con el sake y la sal, y llévelo a ebullición. Eche las gambas y cuézalas a fuego lento 2 minutos, hasta que estén rosadas. Escúrralas y déjelas enfriar.

2 Pele las gambas, hágales una incisión en el lomo y retire el hilo intestinal. Ábralas por la mitad pero sin separarlas del todo. Rocíelas con el vinagre de arroz y resérvelas en el frigorífico.

3 Humedezca una oshi waku para que el arroz no se pegue. Rellénela con arroz. Prénselo con la tapa, retírelo y córtelo, con un cuchillo bien afilado y humedecido, en 5 barritas. Repita el proceso hasta obtener 10 barritas.

4 También puede darle forma al arroz a mano (*véase* pág. 122).

5 Disponga un poco de pasta de wasabi sobre cada barrita de arroz y coloque 1 gamba abierta sobre cada una. Sirva el sushi acompañado de salsa de soja, jengibre encurtido y pasta de wasabi.

barritas de sushi prensado de vieira soasada

ingredientes

PARA 10 UNIDADES

$1/2$ ración de arroz para sushi recién cocido (*véase* pág. 8)

1-2 cucharaditas de aceite vegetal

3-4 vieiras frescas

pasta de wasabi

salsa de soja japonesa, jengibre encurtido, para servir

preparación

1 Humedezca una oshi waku para que el arroz no se pegue. Rellénela con arroz. Prénselo todo con la tapa, retírelo y córtelo, con un cuchillo bien afilado y humedecido, en 5 barritas. Repita el proceso hasta obtener 10 barritas.

2 También puede darle forma al arroz a mano (*véase* pág. 122).

3 Ponga el aceite en una sartén e inclínela para recubrir bien la base. Pase un papel absorbente para retirar el exceso de aceite y caliéntelo a fuego vivo. Soase las vieiras durante 30 segundos por cada lado, hasta que estén doradas. Córtelas en lonchitas y déjelas enfriar.

4 Disponga un poco de pasta de wasabi sobre cada barrita de arroz y las lonchitas de vieira encima. Sirva el sushi acompañado de salsa de soja, jengibre encurtido y pasta de wasabi.

bolitas de sushi con gambas y huevas de pescado

ingredientes

PARA 10 UNIDADES

10 gambas cocidas

$^1/_4$ de ración de arroz para sushi recién cocido (*véase* pág. 8)

20 g de huevas de pez volador o huevas rojas de algún otro tipo de pescado

salsa de soja japonesa, jengibre encurtido y pasta de wasabi, para servir

preparación

1 Recorte un cuadrado de film transparente de 10 x 10 cm. Coloque 1 gamba cocida en el centro.

2 Coja $1^1/_2$ cucharaditas de arroz y forme una bolita; colóquela sobre la gamba.

3 Envuelva el arroz y la gamba con el film transparente, retorciendo las 4 esquinas para formar un envoltorio apretado y para que el arroz del interior conserve la forma esférica. Repita el proceso hasta obtener 10 bolitas.

4 Desenvuelva las bolitas justo antes de servirlas y rellene la curva de cada gamba con un poquito de huevas rojas de pescado. Sirva el sushi acompañado de salsa de soja, jengibre encurtido y pasta de wasabi.

sushi prensado al estilo de California

ingredientes

PARA 10 UNIDADES

1 cangrejo cocido

½ aguacate en tiras

⅓ de pepino pelado y en tiras muy finas

2 cucharadas de mayonesa japonesa

½ ración de arroz para sushi recién cocido (*véase* pág. 8)

1 cucharadita de semillas de sésamo tostadas

jengibre encurtido, medias rodajas de limón y ramitas de eneldo, para decorar

pasta de wasabi, para servir

preparación

1 Extraiga la carne del cangrejo.

2 Humedezca una oshi waku para que el arroz no se pegue. Disponga en la base la carne de cangrejo y las tiras de aguacate y de pepino en franjas anchas. Esparza la mitad de la mayonesa y de las semillas de sésamo. Extienda la mitad del arroz y prénselo con la tapa.

3 Empuje la tapa hacia abajo con los pulgares. Ponga el sushi invertido sobre una tabla de picar, para que la capa de cangrejo, aguacate y pepino quede arriba y, con un cuchillo bien afilado y humedecido, córtelo en 5 trozos iguales. Limpie el cuchillo con un paño de cocina húmedo entre corte y corte. Repita el proceso hasta obtener de 10 barritas

4 Decore el sushi con jengibre encurtido en forma de flor. Sírvalo en un plato adornado con medias rodajas de limón y eneldo, y con pasta de wasabi y jengibre encurtido para acompañar.

sushi prensado de jamón cocido y tortilla

ingredientes

PARA 10 UNIDADES

2-3 lonchitas muy finas
    de jamón cocido
1 cucharadita de mostaza
    inglesa
$1/2$ ración de arroz para
    sushi recién cocido
    (*véase* pág. 8)

para la tortilla japonesa
2 huevos
$1/2$ cucharadita de azúcar fino
1 cucharadita de mirin
$1/2$ cucharadita de salsa
    de soja japonesa
$1/8$ de cucharadita de sal
2 cucharaditas de aceite
    vegetal

preparación

1 Primero haga la tortilla. Bata los huevos con el azúcar, el mirin, la salsa de soja y la sal, procurando que no queden demasiado espumosos. Cuélelos sobre un bol.

2 Caliente 1 cucharadita de aceite en una sartén. Eche la mitad de la mezcla de huevo, inclinando la sartén para repartirla bien. Déjelo a fuego medio-bajo hasta que el huevo esté casi cuajado y después cuézala por el otro lado. Pase la tortilla a un plato forrado con papel absorbente y déjela enfriar.

3 Humedezca una oshi waku. Disponga una capa de lonchas de jamón, recortándolas para que no queden huecos. Úntelas con $1/2$ cucharadita de mostaza, extienda $1/4$ parte del arroz y prénselo con la tapa.

4 Añada una capa de tortilla, recortada para que encaje en el molde, y otra cuarta parte de arroz. Vuelva a taparlo y a prensarlo.

5 Empuje la tapa hacia abajo con los pulgares. Ponga el sushi invertido sobre una tabla de picar, para que la capa de pescado quede arriba y, con un cuchillo bien afilado y humedecido, córtelo en 5 trozos iguales. Limpie el cuchillo con un paño de cocina húmedo entre corte y corte. Repita el proceso hasta obtener 10 barritas.

bolitas de sushi de rosbif con wasabi

ingredientes

PARA 10 UNIDADES

1-2 lonchas de rosbif poco
    hecho

pasta de wasabi

$1/4$ de ración de arroz para
    sushi recién cocido
    (*véase* pág. 8)

1 cucharadita de cebolleta,
    sólo la parte verde, para
    decorar

salsa de soja japonesa,
    jengibre encurtido,
    para servir

preparación

1 Corte el rosbif en 10 lonchitas cuadradas de 2,5 cm.

2 Recorte un cuadrado de film transparente de 10 x 10 cm. Coloque 1 lonchita de rosbif en el centro y disponga un poquito de pasta de wasabi encima.

3 Coja $1^1/2$ cucharaditas de arroz y forme una bolita. Colóquela sobre el rosbif.

4 Envuelva el arroz y el rosbif con el film transparente, retorciendo las 4 esquinas para formar un envoltorio apretado y para que el arroz del interior conserve la forma esférica. Repita el proceso hasta obtener 10 bolitas.

5 Desenvuelva las bolitas justo antes de servirlas. Para decorarlas, ponga un poquito de cebolleta picada sobre cada una de ellas. Sírvalas acompañadas de salsa de soja, jengibre encurtido y pasta de wasabi.

sushi prensado al estilo mediterráneo

ingredientes

PARA 10 UNIDADES

2 pimientos rojos cuarteados
   y sin semillas
100 g de mozzarella en tiras
   finas
1 puñado de hojitas
   de albahaca
4 tomates secados al sol
   y en aceite, escurridos
   y cortados en tiras
aceite de oliva, para untar
1/2 ración de arroz para
   sushi recién cocido
   (*véase* pág. 8)

preparación

1 Ponga los pimientos en la bandeja del horno y áselos bajo el gratinador 30 minutos o hasta que la piel empiece a chamuscarse. Déjelos enfriar dentro en una bolsa de plástico y, después, quíteles la piel y córtelos en tiras.

2 Humedezca una oshi waku para que el arroz no se pegue. Cubra la base de la prensadora con tiras anchas diagonales de pimiento asado y mozzarella alternándolas con tiras finas de albahaca y tomates secos. Úntelo con aceite y extienda la mitad del arroz. Prénselo con la tapa.

3 Empuje la tapa hacia abajo con los pulgares. Ponga el sushi invertido sobre una tabla de picar, para que la capa de mozzarrella y pimiento quede arriba y, con un cuchillo bien afilado y humedecido, córtelo en 5 trozos iguales. Limpie el cuchillo con un paño de cocina húmedo entre corte y corte. Repita el proceso hasta obtener 10 barritas.

sushi de tofu con jengibre y cebollino

ingredientes

PARA 10 UNIDADES

1/2 bloque de tofu consistente

1/2 lámina de alga nori, tostada

1/2 ración de arroz para sushi recién cocido (*véase* pág. 8)

10 tallos de cebollino despuntados

1 cucharadita de jengibre en tiras finas, exprimido para eliminar el exceso de agua, para servir (opcional)

preparación

1 Envuelva el tofu en papel absorbente y póngalo sobre una tabla de picar. Coloque otra tabla encima para ayudar a que suelte el exceso de agua. Déjelo así 30 minutos.

2 Corte el tofu escurrido horizontalmente en 10 lonchas de unos 5 mm de grosor. Reserve el que quede para otra receta. Corte la lámina de nori en 10 tiras de 1 cm de ancho y 7,5 cm de largo.

3 Humedezca una oshi waku para que el arroz no se pegue. Rellénela con la mitad del arroz, llevándolo hacia las esquinas sin apretar demasiado. Prénselo con la tapa, retírelo y, con un cuchillo bien afilado y humedecido, córtelo en 5 trozos. Repita el proceso hasta obtener 10 barritas.

4 También puede darle forma al arroz a mano (*véase* pág. 122).

5 Coloque una loncha de tofu sobre cada barrita de arroz. Envuelva cada barrita con una tira de alga nori, recogiendo los extremos bajo el arroz. Ate cada sushi con un cebollino para asegurar el tofu y sírvalo, si lo desea, con tiras de jengibre.

sushi de tortilla dulce

ingredientes

PARA 10 UNIDADES

1/2 lámina de alga nori,
   tostada
1/2 ración de arroz para
   sushi recién cocido
   (*véase* pág. 8)
salsa de soja japonesa,
   jengibre encurtido y pasta
   de wasabi, para servir

para la tortilla

6 huevos
1 cucharadita de azúcar fino
2 cucharaditas de mirin
1 cucharadita de salsa
   de soja japonesa
1/4 de cucharadita de sal
1-2 cucharaditas de aceite
   vegetal

preparación

1 Primero haga la tortilla. Bata los huevos con el azúcar, el mirin, la salsa de soja y la sal, procurando que no queden demasiado espumosos. Cuélelos sobre un bol.

2 Caliente una sartén a fuego medio. Con un cepillo o un trozo de papel absorbente unte la sartén con aceite. Añada 1/3 de la mezcla de huevo, inclinando la sartén para repartirla bien. Cuando la tortilla esté cuajada dóblela 4 veces a lo largo hacia usted, con una espátula de madera. Recórtela para darle forma rectangular y resérvela.

3 Repita el proceso con 1/3 de la mezcla de huevo, colocando la primera tortilla doblada sobre la de la sartén antes de doblarla. Haga lo mismo con el resto de la mezcla de huevo, para terminar con un rollo grueso de tortilla. Déjelo enfriar y después córtelo a lo ancho en 10 rodajas.

4 Corte la lámina de nori en 10 tiras de 1 cm de ancho y 7,5 cm de largo.

5 Prepare 10 barritas de arroz con una oshi waku o a mano (*véase* pág. 122) y colóquelas sobre una tabla de picar.

6 Disponga un rollito de tortilla sobre cada barrita y sujételos con una tira de alga nori, recogiendo los bordes bajo el arroz. Sirva el sushi con salsa de soja, jengibre encurtido y pasta de wasabi.

barritas de sushi prensado con espárragos y pimiento

ingredientes

PARA 10 UNIDADES

2 pimientos rojos cuarteados
 y sin semillas

30 puntas de espárragos

$1/2$ lámina de alga nori,
 tostada

$1/2$ ración de arroz para
 sushi recién cocido
 (*véase* pág. 8)

salsa de soja japonesa,
 jengibre encurtido y pasta
 de wasabi, para servir

preparación

1 Ase el pimiento bajo el grill caliente con el lado de la piel hacia arriba, hasta que ésta se chamusque. Déjelo enfriar dentro de una bolsa de plástico y, a continuación, quítele la piel y córtelo en tiras. Escalde los espárragos en agua hirviendo 1 o 2 minutos y después sumérjalos en agua helada para detener la cocción.

2 Corte la lámina de nori en 10 tiras de 1 cm de ancho y 7,5 cm de largo.

3 Humedezca una oshi waku para que el arroz no se pegue. Coloque una capa de tiras de pimiento sobre la base, procurando que no quede ningún hueco. Extienda la mitad del arroz y prénselo con la tapa.

4 Empuje la tapa hacia abajo con los pulgares. Ponga el sushi invertido sobre una tabla de picar, para que la capa de pimiento quede arriba y, con un cuchillo bien afilado y humedecido, córtelo en 5 trozos iguales. Repita el proceso hasta obtener 10 barritas.

5 Ponga 3 espárragos sobre el pimiento y átelos con una tira de nori, recogiendo los extremos bajo el arroz. Sirva el sushi acompañado de salsa de soja, jengibre encurtido y pasta de wasabi.

sushi de zanahoria especiada

ingredientes

PARA 10 UNIDADES

$^{1}/_{2}$ ración de arroz para
    sushi recién cocido
    (*véase* pág. 8)

10 tallos de cebollino
    despuntados

1 cucharadita de jengibre en
    tiras finas, exprimido para
    eliminar el exceso de
    agua, para decorar

2 cucharaditas de cebolleta
    picada, sólo la parte
    verde, para decorar

salsa de soja japonesa,
    jengibre encurtido y pasta
    de wasabi, para servir

para la zanahoria especiada

1 zanahoria grande pelada
    y en rodajas finas

125 ml de caldo dashi (*véase*
    pág. 194, o utilice caldo
    instantáneo)

2 cucharaditas de azúcar fino

2 cucharaditas de salsa
    de soja japonesa

preparación

1 En primer lugar prepare la zanahoria. Ponga en un cazo el caldo dashi, el azúcar y la salsa de soja y déjelos a fuego suave. Eche la zanahoria y cuézala de 5 a 6 minutos, hasta que esté tierna pero no blanda. Escúrrala y déjela enfriar.

2 Humedezca una oshi waku para que el arroz no se pegue. Coloque una capa de zanahoria sobre la base y después extienda la mitad del arroz. Prénselo con la tapa.

3 Empuje la tapa hacia abajo con los pulgares. Ponga el sushi invertido sobre una tabla de picar, para que la capa de zanahoria quede arriba y, con un cuchillo bien afilado y humedecido, córtelo en 5 trozos iguales. Repita el proceso hasta obtener 10 barritas.

4 Decore el sushi con el jengibre y la cebolleta y sírvalo acompañado de salsa de soja, jengibre encurtido y pasta de wasabi.

barritas de sushi prensado de shiitake frescas

ingredientes

PARA 10 UNIDADES

1 cucharada de salsa de soja
japonesa
10 setas shiitake frescas
sin los tallos
1/2 lámina de alga nori,
tostada
1/2 ración de arroz para
sushi recién cocido
(*véase* pág. 8)
salsa de soja japonesa,
jengibre encurtido y pasta
de wasabi, para servir

preparación

1 Vierta la salsa de soja sobre las setas y áselas bajo el grill caliente 1 o 2 minutos por cada lado, o hasta que estén tiernas.

2 Corte la lámina de nori en 10 tiras de 1 cm de ancho y 7,5 cm de largo.

3 Humedezca una oshi waku para que el arroz no se pegue. Rellénela con la mitad del arroz, llevándolo hacia las esquinas sin apretar demasiado. Prénselo con la tapa, retírelo y desmóldelo sobre una tabla de picar. Córtelo en 5 trozos con un cuchillo bien afilado y humedecido. Repita el proceso hasta obtener 10 barritas.

4 También puede darle forma al arroz a mano (*véase* pág. 122).

5 Disponga una seta asada, con las laminillas hacia arriba, sobre cada barrita de arroz. Átelas con una tira de alga nori, recogiendo los bordes bajo el arroz. Sirva el sushi acompañado de salsa de soja, jengibre encurtido y pasta de wasabi.

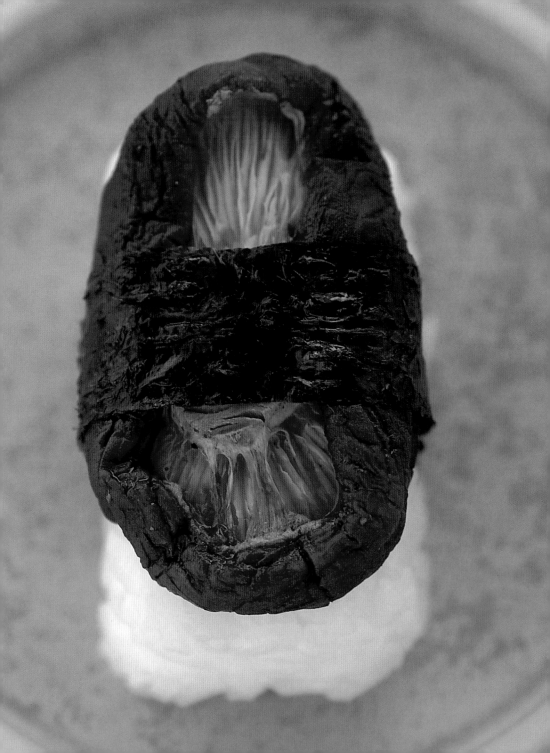

sushi de aguacate con tapenade

ingredientes

PARA 10 UNIDADES

$^1/_2$ lámina de alga nori, tostada

$^1/_2$ ración de arroz para sushi recién cocido (*véase* pág. 8)

1 aguacate maduro, sin hueso, pelado y en tiras

2 cucharadas de tapenade

jengibre encurtido y pasta de wasabi, para servir

preparación

1 Corte la lámina de nori en 10 tiras de 1 cm de ancho y 7,5 cm de largo.

2 Humedezca una oshi waku para que el arroz no se pegue. Rellénela con la mitad del arroz, llevándolo hacia las esquinas sin apretar demasiado. Prénselo con la tapa, retírelo y desmóldelo sobre una tabla de picar. Córtelo en 5 trozos con un cuchillo bien afilado y humedecido. Repita el proceso hasta obtener 10 barritas.

3 También puede darle forma al arroz a mano (*véase* pág. 122).

4 Disponga un par de tiras de aguacate sobre cada barrita de arroz. Átelas con una tira de alga nori, recogiendo los bordes bajo el arroz. Ponga un poquito de tapenade en el centro de cada tira de nori. Sirva el sushi con jengibre encurtido y pasta de wasabi.

barritas de sushi prensado de berenjena

ingredientes

PARA 10 UNIDADES

2 berenjenas japonesas

aceite de oliva, para untar

$\frac{1}{2}$ ración de arroz para
   sushi recién cocido
   (*véase* pág. 8)

2 cucharaditas de semillas de
   sésamo blancas, tostadas

para la salsa de soja
dulce

125 ml de salsa de soja
   japonesa

$1\frac{1}{2}$ cucharaditas de azúcar
   fino

125 ml de mirin

preparación

1 Corte las berenjenas en láminas de 5 mm de grosor. Deberían tener 3 cm de ancho y 7,5 cm de largo para que caigan por los lados de las barritas de arroz. Úntelas con un poco de aceite de oliva y áselas bajo el grill a temperatura media-alta de 6 a 8 minutos, hasta que estén tiernas, dándoles la vuelta una vez.

2 Ponga todos los ingredientes de la salsa en un cazo, remueva y llévelos a ebullición. Cueza la salsa hasta que se haya reducido a la mitad y déjela enfriar.

3 Humedezca una oshi waku para que el arroz no se pegue. Rellénela con la mitad del arroz, llevándolo hacia las esquinas sin apretar demasiado. Prénselo con la tapa, retírelo y desmóldelo sobre una tabla de picar. Córtelo en 5 trozos con un cuchillo bien afilado y humedecido. Repita el proceso hasta obtener 10 barritas.

4 También puede darle forma al arroz a mano (*véase* pág. 122).

5 Coloque 1 lámina de berenjena sobre cada barrita de arroz y esparza unas cuantas semillas de sésamo por encima. Sírvalas con la salsa de soja dulce.

sushi
suelto

El chirasi zushi o sushi suelto se sirve en boles y es la versión japonesa de la ensalada de arroz. Es la forma más fácil de preparar sushi y queda estupendo como plato para el almuerzo. Muchas veces se le llama «el sushi del ama de casa» porque lo preparan con frecuencia en todos los hogares de Japón. La base es un arroz para sushi recién preparado, que se puede mezclar con ingredientes sencillos como setas, jengibre o semillas de sésamo. Los ingredientes principales suelen colocarse encima, pero también se puede mezclar con el arroz: este tipo de sushi se llama gomoko zushi.

Al igual que con cualquier otro tipo de sushi, la presentación es crucial. Merece la pena comprar algunos boles japoneses lacados o de madera. También puede colocar todos los ingredientes en un cuenco para que cada comensal se sirva. Llene los boles individuales hasta sus dos terceras partes y coloque los ingredientes encima de forma decorativa. Puede añadir jengibre encurtido y pasta de wasabi al bol o servirlos aparte en boles pequeños.

Como el sushi suelto es tan fácil de preparar puede experimentar con cualquier ingrediente para la cobertura, siempre que su sabor combine con el arroz avinagrado.

sushi suelto con salmón

ingredientes

PARA 4 PERSONAS

8 gambas grandes peladas

sal

1 cucharadita de sake

1 cucharada de vinagre
    de arroz

250 g de salmón para sushi

1 trozo de alga kombu
    de 7,5 cm, en tiras finas

el zumo de 1 limón

120 g de tirabeques
    despuntados

1 ración de arroz para
    sushi recién cocido
    (*véase* pág. 8)

50 g de raíz de loto
    en rodajitas

4 cucharadas de huevas
    de salmón

4 hojas de shiso,
    para decorar

salsa de soja japonesa,
    jengibre encurtido y pasta
    de wasabi, para servir

preparación

1 Inserte una broqueta fina de madera en la parte interior de las gambas para que no se curven al cocerlas. Ponga 2,5 cm de agua en una cacerola, eche el sake y la sal, y llévelo a ebullición. Incorpore las gambas y déjelas a fuego suave 2 minutos, hasta que estén rosadas. Escúrralas y déjelas enfriar.

2 Pele las gambas, hágales una incisión en el lomo y retire el hilo intestinal. Siga cortando y ábralas sin llegar a separarlas. Rocíelas con el vinagre de arroz y déjelas en el frigorífico hasta que las necesite.

3 Con un cuchillo bien afilado y humedecido corte el salmón en tiras de 8 mm de grosor, cortando contra la veta y limpiando el cuchillo con un paño de cocina humedecido entre corte y corte. Ponga el salmón en un cuenco con las tiras de alga kombu y el zumo de limón y déjelo macerar 15 minutos, dándole la vuelta una vez.

4 Escalde los tirabeques en agua hirviendo durante 1 minuto y después sumérjalos en agua helada para detener la cocción. Escúrralos y córtelos en tiras.

5 Reparta el arroz entre 4 boles individuales. Añada el salmón, las gambas, los tirabeques, la raíz de loto y las huevas. Decore el plato con una hoja de shiso y sírvalo con salsa de soja, jengibre encurtido y pasta de wasabi.

sushi suelto con caballa ahumada

ingredientes

PARA 4 PERSONAS

8 tirabeques

1 trozo de daikon de 5 cm

1 ración de arroz para
 sushi recién cocido
 (*véase* pág. 8)

el zumo y la ralladura
 de 1 limón

2 cebolletas picadas

2 caballas ahumadas, sin piel
 y en tiras en diagonal

$1/2$ pepino pelado y en rodajas
 finas

1 lámina de alga nori,
 tostada, en tiras finas

4 cucharadas de jengibre
 encurtido

4 cucharaditas de pasta
 de wasabi

preparación

1 Escalde los tirabeques en agua hirviendo
con sal 1 minuto. Escúrralos y déjelos enfriar.

2 Corte el daikon con una mandolina o un
cuchillo bien afilado. Si utiliza un cuchillo,
córtelo en láminas finas y, después, en tiras
delgadas.

3 Mezcle el arroz con el zumo y la ralladura
de limón.

4 Reparta el arroz entre 4 boles de madera
o cerámica; deberían quedar llenos hasta una
altura de unos 2 cm. Añada la cebolleta, la
caballa, el pepino, los tirabeques y el daikon.
Decórelo con tiras de nori, jengibre encurtido
y un poquito de pasta de wasabi.

sushi suelto con atún macerado

ingredientes

PARA 4 PERSONAS

350 g de atún para sushi

el zumo de 2 limones

1 cucharada de salsa de soja

1 ración de arroz para
  sushi recién cocido
  (*véase* pág. 8)

4 cucharadas de cebollino
  picado

4 cucharadas de jengibre
  encurtido

2 cucharaditas de pasta
  de wasabi

8 hojas de shiso,
  para decorar

4 cucharaditas de semillas de
  sésamo blanco, tostadas

preparación

1 Ponga el atún en un cuenco y vierta encima el zumo de limón y la salsa de soja. Dele la vuelta para recubrirlo y déjelo macerar en el frigorífico 30 minutos.

2 Retire el atún del adobo y con un cuchillo bien afilado y humedecido córtelo en tiras de 8 mm de grosor, cortando contra la veta y limpiando el cuchillo con un paño de cocina humedecido entre corte y corte, para que las tiras de atún queden pulidas.

3 Reparta el arroz entre 4 boles individuales, coloque las tiras de atún encima y esparza el cebollino. Añada 1 cucharada de jengibre encurtido y $1/2$ cucharadita de pasta de wasabi a cada bol, decórelo con una hoja de shiso y espolvoréelo con las semillas de sésamo tostadas.

sushi suelto con cangrejo al estilo tailandés

ingredientes

PARA 4 PERSONAS

175 g de carne de cangrejo
    cocida
el zumo de 2 limas, más
    4 rodajitas finas de lima,
    para decorar
2 guindillas rojas grandes,
    sin semillas y picadas
120 g de guisantes frescos
    desgranados
sal
1 ración de arroz para
    sushi recién cocido
    (*véase* pág. 8)
2 cucharadas de cilantro
    fresco picado
1 lámina de alga nori tostada,
    en tiras finas

preparación

1 Ponga la carne de cangrejo en un cuenco y rocíela con el zumo de lima. Añada la guindilla picada.

2 Hierva los guisantes 2 minutos en una cacerola con agua ligeramente salada, hasta que estén tiernos, y después sumérjalos en agua helada para detener la cocción. Escúrralos bien.

3 Mezcle los guisantes con el arroz para sushi y reparta la mezcla entre 4 boles individuales.

4 Reparta en cada bol la carne de cangrejo y el cilantro picado. Decore el sushi con las tiras de nori y las rodajitas de lima.

sushi suelto con gambas, cangrejo y aguacate

ingredientes

PARA 4 PERSONAS

8 gambas grandes peladas
  y sin hilo intestinal

1 cucharada de aceite

1 cangrejo cocido

1 ración de arroz para
  sushi recién cocido
  (*véase* pág. 8)

el zumo y la ralladura
  de 1 limón

1 aguacate maduro en tiras

$^{1}/_{2}$ pepino pelado y en rodajas

salsa de soja japonesa,
  jengibre encurtido y pasta
  de wasabi, para servir

preparación

1 Fría las gambas en el aceite 2 minutos por cada lado. Una vez fritas, déjelas enfriar. Extraiga la carne del caparazón del cangrejo.

2 Mezcle el arroz con el zumo y la ralladura de limón y repártalo entre 4 boles; deberían quedar llenos hasta una altura de 2 cm. Disponga las gambas, el cangrejo, el aguacate y el pepino sobre el arroz.

sushi suelto con langosta y mayonesa de wasabi

ingredientes

PARA 4 PERSONAS

1 langosta cocida

5 cucharadas de jengibre
   encurtido

1 ración de arroz para
   sushi recién cocido
   (*véase* pág. 8)

1/2 pepino en rodajas

1 aguacate maduro
   en tiras

2 cucharaditas de pasta
   de wasabi

para la mayonesa
al wasabi

2 cucharadas de mayonesa
   japonesa

1 cucharadita de pasta
   de wasabi, o al gusto

preparación

1 Extraiga la carne de la langosta en trozos
lo más grandes posible. Si la langosta está
entera, la mejor forma es quitarle la cabeza y
partirla por la mitad con un cuchillo de cocina
bien afilado o uno de carnicero. Tendrá que
partir las pinzas para extraer la carne que
contienen; para ello, cúbralas con un paño y
golpéelas bien fuerte con el rodillo o el mazo
de cocina.

2 Mezcle la mayonesa con el wasabi.
Pique 1 cucharadita de jengibre encurtido
y mézclela con el arroz.

3 Reparta el arroz entre 4 boles; deberían
quedar llenos hasta una altura de 2 cm.
Disponga la langosta, el pepino y el aguacate
sobre el arroz y vierta por encima la mayonesa
al wasabi. Adorne el sushi con el resto del
jengibre encurtido y la pasta de wasabi.

sushi suelto en conchas de vieira

ingredientes

PARA 8 CONCHAS

8 vieiras con sus conchas

1 cucharada de aceite

el zumo y la ralladura
de $1/2$ lima

$1/3$ de ración de arroz para
sushi recién cocido
(*véase* pág. 8)

1 puñadito de hojas de
cilantro fresco

3 cucharadas de mayonesa
japonesa

jengibre encurtido y pasta
de wasabi, para decorar

preparación

1 Retire las vieiras de su concha, limpie 8 de ellas y resérvelas para servir.

2 Prepare las vieiras extrayendo el pequeño músculo blanquecino y brillante y su membrana. Deje el coral pero compruebe si hay un hilo negro, que tendrá que cortar; le resultará más fácil hacerlo con unas tijeras.

3 Caliente el aceite en una sartén y saltee las vieiras por ambos lados hasta que estén ligeramente doradas. Rocíelas con un poco de zumo de lima y déjelas enfriar.

4 Mezcle el arroz con el resto del zumo de lima y la ralladura.

5 Reparta el arroz entre las conchas limpias, haciendo un pequeño montoncito sobre cada una de ellas y aplanando un poco la parte superior. Disponga 1 vieira con unas cuantas hojas de cilantro sobre el arroz y después adórnelo con un trozo de jengibre encurtido, un poquito de wasabi y una cucharadita de mayonesa. Sirva las conchas en una fuente con palillos chinos.

sushi suelto con buey glaseado con soja

ingredientes

PARA 4 PERSONAS

8 setas shiitake secas

1 trozo de daikon de 5 cm, pelado

1 trozo de zanahoria de 5 cm, pelada

1 cucharada de salsa de soja

1 cucharadita de mirin

1 cucharadita de azúcar moreno

200 g de filete magro de buey

1 ración de arroz para sushi recién cocido (*véase* pág. 8)

2 cucharadas de pasta de wasabi

1 lámina de alga nori, tostada, en tiras finas

jengibre encurtido, para servir

preparación

1 Ponga las setas en remojo en agua hirviendo 20 minutos y después hiérvalas a fuego lento en el mismo líquido 3 minutos. Retírelas y estrújelas para quitarles el agua. Parta 4 setas en trozos menudos y el resto por la mitad.

2 Corte el daikon y la zanahoria con una mandolina o un cuchillo bien afilado. Si utiliza un cuchillo, córtelos en láminas largas y finas y, después, en tiras delgadas.

3 Precaliente una parrilla a fuego vivo. Mezcle la salsa de soja con el mirin y el azúcar moreno, y unte la carne con la mezcla. Ase la carne 3 minutos por cada lado y después déjela reposar 1 minuto. Córtela en tiras. Mezcle el arroz para el sushi con las setas shiitake troceadas menudas.

4 Pase el arroz con setas a un cuenco o a 4 platos individuales, o bien llene 4 boles hasta unos 2 cm de altura. Disponga la carne y las setas partidas por la mitad sobre el arroz y añada el daikon y la zanahoria junto con $1/2$ cucharadita de wasabi. Adorne el sushi con las tiras de nori y el resto del wasabi y sírvalo con el jengibre encurtido a un lado.

sushi suelto con pollo a la salsa teriyaki

ingredientes

PARA 4 PERSONAS

4 pechugas de pollo
deshuesadas y sin piel,
de unos 150 g cada una
1 cucharada de aceite vegetal
1 ración de arroz para
sushi recién cocido
(*véase* pág. 8)
cebolleta picada, sólo la parte
verde, y tiras de pepino,
para decorar
salsa de guindilla dulce,
para servir

para la salsa teriyaki

4 cucharadas de salsa
de soja japonesa
2 cucharadas de mirin
2 cucharadas de sake
2 cucharaditas de azúcar fino
1 cucharadita de jengibre
cortado en tiras finas
(opcional)
1 diente de ajo majado
(opcional)

preparación

1 Mezcle todos los ingredientes de la salsa en un cuenco con capacidad suficiente para que quepa el pollo. Eche las pechugas y deles la vuelta para que queden bien impregnadas. Cubra el cuenco y déjelo en el frigorífico 30 minutos.

2 Caliente el aceite en una sartén, retire el pollo del adobo y fríalo 4 minutos. Dele la vuelta, úntelo con el adobo y déjelo de 4 a 6 minutos más, hasta que esté tierno y un pincho de cocina salga limpio al insertarlo en la parte más gruesa de la pechuga. Úntelas con el adobo una sola vez durante la cocción.

3 Pase las pechugas cocidas a una tabla de picar y córtelas en tiras diagonales, sosteniendo el cuchillo en un ángulo de 45° con respecto a la tabla.

4 Reparta el arroz entre 4 boles individuales, ponga las tiras de pechuga encima y esparza la cebolleta picada y las tiras de pepino. Sirva el sushi con salsa de guindilla dulce.

sushi suelto con tofu

ingredientes
PARA 4 PERSONAS

1 bloque de tofu consistente

1 ración de arroz para
sushi recién cocido
(*véase* pág. 8)

2 pimientos rojos, cuarteados
y sin semillas

1 lámina de alga nori, tostada

4 cucharadas de jengibre
encurtido

2 cucharaditas de pasta
de wasabi

2 cucharadas de cebolleta
picada, sólo la parte
verde, para decorar

jengibre encurtido y pasta
de wasabi, para servir

para el adobo
de sésamo

$1/4$ de cucharadita de aceite
de sésamo

1 diente de ajo majado

1 trozo de jengibre de 2 cm,
pelado y en tiras finas

3 cucharadas de salsa
de soja japonesa

4 cucharadas de sake

1 cucharadita de azúcar
moreno

1 cucharadita de copos
de guindilla roja

preparación

1 Envuelva el tofu en papel absorbente y
póngalo en una tabla de picar. Coloque otra
tabla encima para ayudar a que suelte el
exceso de agua y déjelo 30 minutos. Corte el
tofu en 10 lonchas de unos 8 mm de grosor.
Póngalas en un bol.

2 Coloque todos los ingredientes del adobo en
un bol y mézclelos bien hasta que el azúcar
se haya disuelto. Vierta el adobo sobre las
lonchas de tofu y deles la vuelta con cuidado
para que se impregnen bien. Déjelas macerar
20 minutos en el frigorífico.

3 Ase el pimiento bajo el grill caliente con
el lado de la piel hacia arriba, hasta que se
chamusque. Déjelo enfriar dentro de una
bolsa de plástico y, a continuación, quítele
la piel y córtelo en tiras finas.

4 Corte la lámina de nori en cuadrados
de 1 cm.

5 Reparta el arroz entre 4 boles individuales,
coloque las lonchas de tofu encima, con un
poquito de adobo de sésamo. Añada las tiras
de pimiento, los cuadraditos de nori, jengibre
encurtido y un poco de pasta de wasabi.
Decore el sushi con la cebolleta picada
y sírvalo con jengibre encurtido y pasta
de wasabi.

sushi suelto con setas y tofu frito

ingredientes

PARA 4 PERSONAS

2 láminas de tofu frito
  (aburage)
500 ml de caldo dashi (*véase*
  pág. 194, o utilice caldo
  instantáneo)
4 cucharadas de sake
2 cucharadas de azúcar
4 cucharadas de salsa
  de soja japonesa
2 cucharadas de aceite
  vegetal
500 g de setas shiitake o de
  cardo frescas, en láminas
  finas
1 ración de arroz para
  sushi recién cocido
  (*véase* pág. 8)
2 cucharaditas de semillas de
  sésamo blanco, tostadas
salsa de soja japonesa,
  jengibre encurtido y pasta
  de wasabi, para servir

preparación

1 Corte las láminas de tofu frito en tiras finas. Ponga en una cacerola el caldo dashi, el sake, el azúcar y la salsa de soja y, a continuación, añada las tiras de tofu. Déjelo a fuego suave 15 minutos, sin tapar, hasta que el líquido se haya reducido a la mitad. Escurra bien el tofu.

2 Caliente el aceite en una sartén y saltee las setas, removiendo, durante 2 minutos a fuego medio-alto, hasta que estén tiernas.

3 Reparta el arroz entre 4 boles individuales, ponga encima el tofu frito y las setas, y esparza las semillas de sésamo tostadas. Sirva el sushi acompañado de salsa de soja, jengibre encurtido y pasta de wasabi.

sushi suelto con feta y tomates secados al sol

ingredientes

PARA 4 PERSONAS

175 g de queso feta

85 g de tomates secados al
sol, conservados en aceite

1 puñado de hojas de
albahaca en tiras, y hojas
enteras, para decorar

1 ración de arroz para
sushi recién cocido
(*véase* pág. 8)

50 g de hojas de espinaca
tiernas

preparación

1 Escurra el queso y córtelo en daditos. Corte
los tomates en tiras finas y séquelas con papel
absorbente para retirar el exceso de aceite.
Mézclelas con suavidad con el feta y añada
las tiras de albahaca.

2 Reparta el arroz entre 4 boles individuales,
añada las espinacas y la mezcla de queso y
tomate. Decore el sushi con unas hojas de
albahaca enteras.

sushi suelto con tortilla, setas y espárragos

ingredientes

PARA 4 PERSONAS

16 espárragos finos

12 tirabeques

1 ración de arroz para
   sushi recién cocido
   (*véase* pág. 8)

1 pepino sin semillas y en
   tiras de 5 cm de largo

1 lámina de alga nori en tiras

4 cucharadas de jengibre
   encurtido

2 cucharaditas de pasta
   de wasabi

para las setas

25 g de setas shiitake secas

175 ml de caldo dashi (*véase*
   pág. 194, o utilice caldo
   instantáneo)

1 cucharada de mirin

para la tortilla japonesa

3 huevos

$1/2$ cucharadita de azúcar fino

1 cucharadita de mirin

$1/2$ cucharadita de salsa
   de soja japonesa

$1/8$ de cucharadita de sal

2 cucharaditas de aceite
   vegetal

preparación

1 Para preparar las setas, déjelas en remojo en agua caliente 30 minutos, deseche los tallos, córtelas en láminas finas y póngalas en un cazo con el caldo dashi. Cuézalas a fuego lento 15 minutos, retírelas del fuego y vierta el mirin. Deje que se enfríen y escúrralas.

2 Para preparar la tortilla, bata los huevos con el azúcar, el mirin, la salsa de soja y la sal, procurando que no queden demasiado espumosos. Cuélelos sobre un bol.

3 Eche 1 cucharadita de aceite en una sartén y caliéntelo a fuego medio-bajo. Vierta la mitad de la mezcla de huevo, inclinando la sartén para repartirla bien. Cuando el huevo esté casi cuajado, dele la vuelta. Pase la tortilla a un plato forrado con papel absorbente y déjela enfriar. Repita el proceso para hacer otra tortilla. Córtelas en tiras largas y enróllelas.

4 Escalde los espárragos y los tirabeques en agua hirviendo 1 o 2 minutos y sumérjalos en agua helada para detener la cocción.

5 Reparta el arroz entre 4 boles individuales. Disponga encima las setas, el pepino, los espárragos y los tirabeques. Remate con los rollitos de tortilla y las tiras de nori. Añada el jengibre encurtido y la pasta de wasabi.

sushi suelto con judías verdes y tomate

ingredientes

PARA 4 PERSONAS

140 g de judías verdes
    redondas
140 g de tomates maduros
1 pimiento amarillo
1 ración de arroz para
    sushi recién cocido
    (*véase* pág. 8)
4 cucharaditas de semillas de
    sésamo blanco, tostadas
salsa de soja japonesa,
    jengibre encurtido y pasta
    de wasabi, para servir

preparación

1 Escalde las judías en agua hirviendo durante 1 o 2 minutos y, después, sumérjalas en agua helada para detener la cocción.

2 Corte los tomates en rodajitas finas y retire las semillas.

3 Parta los pimientos en cuartos, retire las semillas y córtelos en tiras finas.

4 Reparta el arroz entre 4 boles individuales, coloque encima las judías verdes escaldadas, las rodajitas de tomate y las tiras de pimiento. Esparza las semillas de sésamo tostadas y sirva el sushi acompañado de salsa de soja, jengibre encurtido y pasta de wasabi.

acompañamientos
y postres

La cocina japonesa no tiene salsas ni aderezos complicados. Lo único que necesitará para acompañar su sushi es salsa de soja, jengibre encurtido y pasta de wasabi. Pero uno o dos platos más ayudarán a que su comida sea más sustanciosa. Los japoneses suelen tomar un consomé al principio de una comida de sushi y una sopa de miso al final. Puede seguir esta costumbre o simplemente servir sopa con su sushi, y tal vez añadir una ensalada verde o unos brotes de soja escaldados.

Si tiene tiempo puede que quiera incluir uno o dos platos calientes. La tempura de pescado y marisco o la vegetariana son muy populares, así como los deliciosos gyoza: pequeñas empanadillas de cerdo. Puede comprar los encurtidos en establecimientos especializados, pero si dispone de tiempo merece la pena prepararlos en casa; el jengibre encurtido, por ejemplo, queda muy sabroso y se conserva varias semanas en el frigorífico. Una salsa casera también es una buena forma de probar sabores diferentes.

El broche final perfecto es un surtido de fruta fresca, bien cortada y presentada. Si quiere aventurarse con algo más, puede probar el helado al estilo japonés. El té verde o el sake son las bebidas tradicionales que acompañan el sushi, pero una buena cerveza o un vaso de vino blanco también resultan adecuados.

caldo dashi con tofu y cebollino

ingredientes

PARA 4 PERSONAS

1 litro de agua

1 cuadrado de alga kombu de 7,5 cm

15 g de copos de bonito seco

1 cucharada de sake

1 cucharada de salsa de soja japonesa

sal

85 g de tofu consistente en daditos

1 puñado pequeño de cebollino en tiras de 2,5 cm

preparación

1 Ponga el agua en una cacerola. Haga unos cortes en un costado del alga para ayudar a que suelte el sabor y échela en el agua. Llévelo a ebullición y retire el kombu.

2 Incorpore los copos de bonito y retire enseguida la cacerola del fuego. Forre un colador con muselina y cuele el caldo. Agregue el sake, la salsa de soja y sal al gusto.

3 Reparta los dados de tofu y el cebollino entre 4 boles individuales y vierta el caldo dashi encima. Sírvalo enseguida.

caldo dashi con pargo rojo

ingredientes

PARA 4 PERSONAS

150 g de filetes de pargo rojo

1 ración de caldo dashi
   (*véase* pág. 194)

1 puñado pequeño de
   cebollino en tiras de
   2,5 cm

preparación

1 Corte el pescado en 8 trozos iguales.

2 Caliente el caldo dashi en una cacerola y eche el pescado. Llévelo a ebullición y retírelo enseguida del fuego. Deje que el pescado se cueza en el caldo caliente.

3 Con una espumadera, disponga 2 trozos de pescado en cada bol individual. Vierta el caldo encima y adórnelo con el cebollino.

sopa de miso

ingredientes

PARA 4 PERSONAS

1 ración de caldo dashi
(*véase* pág. 194)

175 g de tofu blando
en dados de 1 cm

4 setas shiitake o
champiñones en láminas

4 cucharadas de miso

2 cebolletas picadas

2 cucharaditas de semillas
de sésamo blanco
tostadas, para decorar
(opcional)

preparación

1 Ponga el caldo dashi en una cacerola y llévelo a ebullición. Eche el tofu y las setas, baje la temperatura y déjelo a fuego lento durante unos 3 minutos. Añada el miso y prosiga con la cocción hasta que se haya disuelto.

2 Apague el fuego, eche la cebolleta y sirva la sopa enseguida; cuanto más tiempo espere más se sedimentará el miso. Si lo prefiere, esparza unas cuantas semillas de sésamo tostadas para decorar la sopa.

tempura de tofu y verduras

ingredientes

PARA 4 PERSONAS

150 g de rebozado para
    tempura

1 patata pelada y en dados

$^1/_4$ de calabaza pelada y
    en tiras

1 boniato pequeño pelado
    y en rodajas

1 berenjena pequeña
    en rodajas

6 judías verdes despuntadas

1 pimiento rojo en tiras
    anchas

6 setas shiitake o
    champiñones enteros,
    con los tallos recortados

1 tallo de brécol dividido
    en ramitos

350 g de tofu consistente
    en dados

aceite, para freír

salsa de guindilla dulce
    o salsa para tempura
    (*véase* pág. 200),
    para servir

preparación

1 Disuelva el rebozado para tempura en agua siguiendo las instrucciones del envase; la pasta debería quedar con grumos y espumosa. No intente que la pasta quede fina o el rebozado quedará duro.

2 Reboce bien todas las verduras y el tofu en la pasta anterior.

3 Caliente el aceite en una freidora o sartén a 180 o 190 °C, o hasta que un dado de pan se dore en 30 segundos.

4 Fría la tempura por tandas de 2 o 3 trozos; si fríe demasiados a la vez la temperatura del aceite bajará y el rebozado absorberá el aceite y quedará blando y aceitoso. Cuando los trozos adquieran un color dorado claro, al cabo de 2 o 3 minutos, retírelos y déjelos escurrir bien sobre papel de cocina para que absorba el exceso de aceite.

5 Pase la tempura a una fuente y sírvala bien caliente acompañada de salsa de guindilla o para tempura en un bol aparte.

tempura de pescado y marisco

ingredientes

PARA 4 PERSONAS

8 gambas grandes peladas
  y sin hilo intestinal
8 anillas de calamar
150 g de rebozado para
  tempura
4 vieiras limpias
200 g de filete de pescado
  blanco y consistente,
  en tiras
aceite, para freír
salsa de soja japonesa
  o salsa para tempura
  (*véase* pág. 200),
  para servir

preparación

1 Haga una pequeña incisión en la parte inferior de las gambas para que queden rectas. Retire las membranas de las anillas de calamar.

2 Disuelva el rebozado para tempura en agua siguiendo las instrucciones del envase; la pasta debería quedar con grumos y espumosa. No intente que la pasta quede fina o el rebozado quedará duro.

3 Reboce bien todo el pescado y el marisco en la pasta anterior.

4 Caliente el aceite en una freidora o sartén a 180 o 190 °C, o hasta que un dado de pan se dore en 30 segundos.

5 Fría la tempura por tandas de 2 o 3 trozos; si fríe demasiados a la vez la temperatura del aceite bajará y el rebozado absorberá el aceite y quedará blando y aceitoso. Cuando los trozos adquieran un color dorado claro, al cabo de 2 o 3 minutos, retírelos y déjelos escurrir bien sobre papel de cocina para que absorba el exceso de aceite.

6 Sirva el plato bien caliente con salsa de soja o para tempura en un bol aparte.

salsa para tempura

ingredientes

PARA 4 PERSONAS

4 cucharadas de caldo dashi
(*véase* pág. 194, o utilice
caldo instantáneo)

4 cucharaditas de mirin

2 cucharadas de salsa
de soja japonesa

preparación

1 Ponga el caldo dashi en un bol. Si utiliza gránulos instantáneos añada un buen pellizco a 4 cucharadas de agua hirviendo y remueva hasta que se hayan disuelto.

2 Agregue el mirin y la salsa de soja y mézclelo bien. Sirva la salsa con tempura de pescado y marisco o vegetariana.

gyoza

ingredientes

PARA 24 UNIDADES

24 láminas de masa para
  wonton gyoza
aceite vegetal, para freír

para el relleno

100 g de col blanca en tiras
  finas
2 cebolletas picadas
175 g de carne de cerdo
  picada
1 trozo de jengibre fresco
  de 1 cm, en tiras finas
2 dientes de ajo majados
1 cucharada de salsa de soja
  japonesa
2 cucharaditas de mirin
1 pizca de pimienta blanca
sal

para la salsa de soja

2 cucharadas de vinagre
  de arroz
2 cucharadas de salsa
  de soja japonesa
1 chorrito de agua

preparación

1 Para hacer el relleno, mezcle en un cuenco todos los ingredientes y sálelo al gusto.

2 Coloque 1 lámina de wonton plana sobre la palma de la mano y disponga 1 cucharadita colmada de relleno en el centro. Pinte los bordes con un poco de agua, dóblelos para juntarlos en el medio y presiónelos para sellarlos. Pinte los extremos curvados con un poco más de agua y haga unos pequeños pliegues en la juntura. Repita el proceso con el resto de las láminas de masa y de relleno, hasta obtener 24 gyozas.

3 Caliente un poco de aceite en una sartén con tapa y ponga las empanadillas que quepan, dejando un poco de espacio entre ellas. Fríalas 2 minutos o hasta que estén doradas por la parte inferior.

4 Añada 3 mm de agua, tape la sartén y deje cocer las empanadillas a fuego suave unos 6 minutos o hasta que estén cocidas y transparentes. Destape la sartén y suba el fuego para que se consuma el agua. Retire las gyozas de la sartén y resérvelas calientes mientras prepara las demás.

5 Mezcle en un bol los ingredientes de la salsa y sírvala con las gyoza.

pollo yakitori

ingredientes

PARA 6 BROCHETAS

4 muslos de pollo
   deshuesados y sin piel
   o 2 pechugas, de unos
   400 g en total y cortados
   en 24 trozos
4 cebolletas cortadas en
   18 tiras cortas

para la salsa yakitori
6 cucharadas de salsa
   de soja japonesa
6 cucharadas de mirin
4 cucharadas de sake
2 cucharadas de azúcar fino

preparación

1 Deje 6 brochetas cortas de madera en remojo con agua un mínimo de 20 minutos, para que no se quemen.

2 Mientras tanto, prepare el adobo. Ponga en un cazo la salsa de soja con el mirin, el sake y el azúcar y llévelo a ebullición. Baje la temperatura y déjelo cocer 1 minuto, retírelo del fuego y déjelo enfriar. Reserve un poco de salsa para rociar las brochetas.

3 Precaliente el grill a temperatura alta. Ensarte 4 trozos de pollo y 3 de cebolleta en cada brocheta y úntelos con la salsa. Áselos bajo el grill 4 minutos, deles la vuelta y úntelos con más adobo. Áselos 4 minutos más o hasta que el pollo esté bien asado.

4 Sirva las brochetas rociadas con la salsa reservada.

tofu especiado

ingredientes

PARA 2 PERSONAS

300 g de tofu suave,
    escurrido

4 cucharadas de aceite
    vegetal

2 cebolletas en rodajitas

$^{1}/_{2}$ guindilla roja fresca
    en rodajitas

1 cucharada de salsa de soja
    japonesa

1 cucharadita de aceite
    de sésamo

preparación

1 Ponga el tofu en una fuente refractaria. Corte el bloque en dados pero manténgalo intacto.

2 Caliente el aceite en un cazo a fuego vivo, eche la cebolleta y la guindilla y espere hasta que empiecen a chisporrotear.

3 Vierta la mezcla caliente sobre el tofu, rocíelo con la salsa de soja y el aceite de sésamo y sírvalo en un bloque.

edamame

ingredientes

PARA 4 PERSONAS

500 g de soja en su vaina,
   congelada

sal marina en láminas

preparación

1 Lleve a ebullición una cacerola con agua y cueza la soja 3 minutos, hasta que esté tierna.

2 Escúrrala bien, espolvoréela al gusto con sal marina en láminas y remueva. Sírvala fría o caliente.

ensalada de algas

ingredientes

PARA 4 PERSONAS

20 g de algas secas variadas,
    como wakame, hijiki
    y arame
1 pepino
2 cebolletas en tiras finas
hojas de mostaza fresca
    y berros, troceados

para el aliño de sésamo

2 cucharaditas de vinagre
    de arroz
2 cucharaditas de salsa
    de soja japonesa
1 cucharada de mirin
2 cucharadas de aceite
    de sésamo
1 cucharadita de miso blanco

preparación

1 Deje en remojo con agua fría los diferentes tipos de alga en boles separados. La wakame necesitará 10 minutos y las demás unos 30. Escúrralas.

2 Cueza el alga wakame en un cazo con agua hirviendo 2 minutos, escúrrala y déjela enfriar. Ponga todas las algas en una ensaladera.

3 Parta el pepino por la mitad a lo largo. Reserve la mitad para otra receta, retire las semillas de la otra mitad y córtelo en rodajitas finas. Añádalas a las algas, junto con la cebolleta picada, las hojas de mostaza y los berros.

4 Ponga todos los ingredientes del aliño en un bol y mézclelos bien. Viértalo sobre la ensalada y remuévala antes de servirla.

ensalada de daikon y pepino

ingredientes

PARA 4 PERSONAS

1 trozo de daikon de 20 cm
(rábano blanco alargado)

1 pepino

1 puñado de hojas de
espinaca tiernas,
troceadas

3 rábanos rojos en rodajitas

unas cuantas hojas de col
china en tiras finas

1 cucharada de semillas
de girasol

2 cucharaditas de semillas de
sésamo blanco, tostadas

para el aliño de wasabi

4 cucharadas de vinagre
de arroz

2 cucharadas de aceite
de colza

1 cucharadita de salsa
de soja clara

1 cucharadita de pasta
de wasabi

$^1/_2$ cucharadita de azúcar

sal

preparación

1 Corte el daikon en tiras muy finas con una mandolina o con un cuchillo bien afilado. Si utiliza el cuchillo, córtelo en láminas finas y después cada una de ellas en tiras. Enjuáguelas bajo el chorro de agua fría y escúrralas bien.

2 Parta el pepino por la mitad a lo largo. Reserve la mitad para otra receta, retire las semillas con una cucharilla y pele y corte la mitad restante como el daikon.

3 Ponga las tiras de daikon y de pepino en una ensaladera, con las hojas de espinaca. Añada las rodajitas de rábano y la col china.

4 Ponga todos los ingredientes del aliño en un bol y mézclelos bien. Vierta el aliño sobre la ensalada, remuévala con cuidado y esparza las semillas de girasol y de sésamo por encima.

judías verdes con aderezo de sésamo

ingredientes

PARA 4 PERSONAS

200 g de judías verdes

1 pizca de sal

1 cucharada de pasta
de sésamo

1 cucharadita de azúcar fino

1 cucharadita de pasta
de miso

2 cucharaditas de salsa
de soja japonesa

preparación

1 Cueza las judías en una cacerola con agua hirviendo a fuego suave 4 o 5 minutos, hasta que estén tiernas. Retírelas del fuego y escúrralas.

2 Mezcle el resto de los ingredientes en un cuenco. Incorpore las judías y espere a que se enfríen antes de servirlas.

encurtido de jengibre casero

ingredientes

PARA 120 G

100 g de jengibre fresco
1 cucharadita de sal
125 ml de vinagre de arroz
2 cucharadas de azúcar fino
4 cucharadas de agua

preparación

1 Pele el jengibre. Córtelo en virutas con una mandolina o un pelapatatas, cortando contra la veta. Sálelo, cúbralo y déjelo reposar unos 30 minutos.

2 Escalde el jengibre salado en agua hirviendo 30 segundos. Escúrralo bien.

3 Ponga en un bol el vinagre de arroz, el azúcar y el agua, y remueva para disolver el azúcar.

4 Ponga las virutas de jengibre en un bol, vierta encima la mezcla de vinagre y deles la vuelta para recubrirlas. Cúbralas y déjelas macerar un mínimo de 24 horas en el frigorífico (adquirirán un tono rosado). El jengibre encurtido se conserva varias semanas si lo guarda en un recipiente hermético en el frigorífico.

daikon y zanahoria encurtidos

ingredientes

PARA 4 PERSONAS

1 trozo de daikon de 20 cm
    (rábano blanco alargado)

1 zanahoria pelada

$1/2$ cucharadita de sal

1 cucharada de azúcar

2 cucharadas de vinagre
    de arroz

1 cucharadita de semillas de
    sésamo blanco, tostadas

preparación

1 Con una mandolina o un pelapatatas corte el daikon y la zanahoria en virutas finas y largas. Espolvoréelas con la sal, cúbralas y déjelas reposar unos 30 minutos. Póngalas en un escurridor y presiónelas con cuidado para retirar el agua.

2 Ponga el azúcar y el vinagre de arroz en un cuenco donde pueda caber el daikon y la zanahoria. Remueva hasta que el azúcar se haya disuelto.

3 Incorpore el daikon y la zanahoria y remueva para recubrirlos. Déjelos macerar en el frigorífico unas 8 horas o toda la noche. Espolvoréelos con las semillas de sésamo tostadas antes de servirlos.

pepino encurtido

ingredientes

PARA 4 PERSONAS

1/2 pepino

1 1/8 cucharaditas de sal

1 cucharada de vinagre
   de arroz

1 cucharadita de azúcar

preparación

1 Corte el pepino en rodajitas finas, póngalas en un cuenco llano y espolvoréelas con 1 cucharadita de sal. Déjelo reposar 5 minutos.

2 Enjuague las rodajitas de pepino bajo el chorro de agua fría y escúrralas bien.

3 Ponga el resto de la sal, el vinagre de arroz y el azúcar en un cuenco donde también quepa el pepino y mézclelo bien. Incorpore las rodajas de pepino y remueva para recubrirlas. Déjelo macerar en el frigorífico 8 horas o toda la noche.

salsa de jengibre y sésamo

ingredientes

PARA 125 ML

1 trozo de jengibre fresco
de 4 cm

4 cucharadas de salsa
de soja japonesa

2 cucharadas de mirin

2 cucharadas de sake

1/4 de cucharadita de aceite
de sésamo

1 cucharadita de vinagre
de arroz

preparación

1 Corte el jengibre en tiras finas sobre un bol y presiónelo con el dorso de una cucharilla. Retire 1 cucharadita de zumo de jengibre fresco y deseche la pulpa.

2 Ponga el zumo de jengibre en un bol, añada la salsa de soja, el mirin, el sake, el aceite de sésamo y el arroz de vinagre y remueva para mezclarlos. Sirva la salsa enseguida o guárdela en un recipiente hermético en el frigorífico hasta 1 semana.

salsa ponzu

ingredientes

PARA 125 ML

2 cucharadas de mirin

1¹/₂ cucharadas de vinagre
de arroz

2 cucharaditas de salsa
de soja clara

1¹/₂ cucharadas de copos
de bonito

3 cucharadas de zumo de
limón recién exprimido

preparación

1 Ponga todos los ingredientes en un cazo y llévelos a ebullición. Retire el cazo del fuego y deje enfriar la salsa antes de servirla.

salsa teriyaki

ingredientes

PARA 125 ML

4 cucharadas de salsa
   de soja japonesa

2 cucharadas de mirin

2 cucharadas de sake

2 cucharaditas de azúcar fino

1 cucharadita de jengibre
   en tiras finas (opcional)

1 diente de ajo majado
   (opcional)

preparación

1 Ponga en un cazo la salsa de soja, el mirin, el sake y el azúcar, con el jengibre y el ajo si los utiliza.

2 Déjelo a fuego suave y remueva hasta que el azúcar se haya disuelto. Caliéntelo 15 minutos o hasta que la salsa se haya espesado. Déjela enfriar antes de servirla.

naranjas japonesas

ingredientes

PARA 4 PERSONAS

4 naranjas grandes

1$^{1}/_{2}$ cucharadas de azúcar
fino

250 ml de vino de ciruelas
japonés

preparación

1 Rebane la parte superior e inferior de cada naranja con un cuchillo de sierra pequeño. Trabaje sobre un cuenco para recoger el jugo que se desprenda y retire la piel y la pulpa blanca siguiendo la curva de la fruta. Corte entre las membranas para separar los gajos y vaya dejándolos en el cuenco. Exprima las membranas sobre el cuenco para recoger el zumo antes de desecharlas.

2 Añada el azúcar al vino y remueva hasta que se haya disuelto. Vierta el vino azucarado sobre los gajos de naranja y déjelos en el frigorífico 30 minutos antes de servirlos.

helado de té verde

ingredientes

PARA 4 PERSONAS

200 ml de leche

2 yemas de huevo

2 cucharadas de azúcar fino

2 cucharadas de maccha
   aisu (té verde en polvo)

100 ml de agua caliente

200 ml de nata líquida
   espesa, ligeramente
   montada

preparación

1 Vierta la leche en un cazo y caliéntela hasta el punto de ebullición. Mientras tanto, bata las yemas de huevo con el azúcar en un cuenco refractario.

2 Vierta la leche sobre la mezcla de huevo, removiendo constantemente, vuelva a poner la mezcla en el cazo y remueva bien.

3 Cueza la crema a fuego lento, sin dejar de remover, 3 minutos o hasta que esté lo suficientemente espesa para recubrir el dorso de una cuchara. Retírela del fuego y déjela enfriar.

4 En un bol, disuelva el té en el agua caliente, viértalo sobre la crema enfriada y remueva bien. Incorpore la nata montada.

5 Pase la mezcla a una heladora y congélela según las instrucciones del fabricante, o bien póngala en un recipiente para el congelador y congélela 2 horas. Pásela a un cuenco y bátala con un tenedor para romper los cristales de hielo, vuelva a meterla en el congelador y déjela 2 horas más. Bátala de nuevo, póngala en el congelador y déjela toda la noche o hasta que se haya solidificado.

dulce de mango

ingredientes

PARA 4 PERSONAS

625 ml de zumo de mango

1$\frac{1}{2}$ cucharadas de polvo
o copos de agaragar

125 ml de agua caliente

aceite de cacahuete,
para untar (opcional)

preparación

1 Ponga el zumo de mango en un cuenco refractario.

2 Eche el agaragar en un cazo con el agua y caliéntelo sin que llegue a hervir. Déjelo a fuego suave 2 o 3 minutos, a continuación, viértalo sobre el zumo de mango y remueva.

3 Unte un molde rectangular llano con aceite o fórrelo con film transparente. Vierta la mezcla de mango, cúbralo con film transparente y déjelo enfriar en el frigorífico 4 horas o hasta que haya cuajado. Corte el dulce de mango en forma de cuadrados o rombos para servirlo.

sorbete de lichi

ingredientes

PARA 4 PERSONAS

400 g de lichis en conserva
    escurridos o 450 g de
    lichis frescos, pelados
    y sin hueso
2 cucharadas de azúcar fino
1 clara de huevo
1 limón en rodajitas finas,
    para decorar

preparación

1 Ponga la pulpa de lichi en una batidora o robot de cocina, junto con el azúcar, y tritúrelo.

2 Pase el puré por el chino para retirar cualquier trozo sólido, páselo a un recipiente para el congelador y déjelo 3 horas en el congelador.

3 Pase la mezcla a la batidora o robot de cocina y bátala hasta que esté pastosa. Con el motor en marcha añada la clara de nuevo, vuelva a poner la mezcla en el recipiente para el congelador y déjela en el congelador 8 horas o toda la noche. Decore el sorbete con rodajas de limón antes de servirlo.

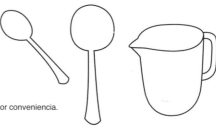

tabla **de** equivalencias

Las equivalencias exactas de la siguiente tabla han sido redondeadas por conveniencia.

medidas de líquidos/sólidos

sistema imperial (EE UU)	sistema métrico
1/4 de cucharadita	1,25 mililitros
1/2 cucharadita	2,5 mililitros
3/4 de cucharadita	4 mililitros
1 cucharadita	5 mililitros
1 cucharada (3 cucharaditas)	15 mililitros
1 onza (de líquido)	30 mililitros
1/4 de taza	60 mililitros
1/3 de taza	80 mililitros
1/2 taza	120 mililitros
1 taza	240 mililitros
1 pinta (2 tazas)	480 mililitros
1 cuarto de galón (4 tazas)	950 mililitros
1 galón (4 cuartos)	3,84 litros
1 onza (de sólido)	28 gramos
1 libra	454 gramos
2,2 libras	1 kilogramo

temperatura del horno

farenheit	celsius	gas
225	110	1/4
250	120	1/2
275	140	1
300	150	2
325	160	3
350	180	4
375	190	5
400	200	6
425	220	7
450	230	8
475	240	9

longitud

sistema imperial (EE UU)	sistema métrico
1/8 de pulgada	3 milímetros
1/4 de pulgada	6 milímetros
1/2 pulgada	1,25 centímetros
1 pulgada	2,5 centímetros